ACCESO GRATIS ***a la Lectura en la Nube***

Para visualizar el libro electrónico en la nube de lectura envíe junto a su nombre y apellidos una fotografía del código de barras situado en la contraportada del libro y otra del ticket de compra a la dirección:

ebooktirant@tirant.com

En un máximo de 72 horas laborales le enviaremos el código de acceso con sus instrucciones.

Compendio de Legislación Municipal de Chile

Municipios y asociaciones municipales: gestión municipal y procedimientos especiales

Procedimiento de selección de originales, ver página web:
www.tirant.net/index.php/editorial/procedimiento-de-seleccion-de-originales

Compendio de Legislación Municipal de Chile

Municipios y asociaciones municipales: gestión municipal y procedimientos especiales

2ª Edición

Incluye índices temático y analítico

Equipo de redacción Editorial Tirant lo Blanch

tirant lo blanch
Valencia, 2024

En caso de erratas y actualizaciones, la Editorial Tirant lo Blanch publicará la pertinente corrección en la página web www.tirant.com incorporada a la ficha del libro. En www.tirant.com dispondrá de un servicio con los textos legales básicos y sectoriales actualizados como complemento de su libro.

Los textos jurídicos que aparecen se ofrecen con una finalidad informativa o divulgativa. Tirant lo Blanch intentará cuidar por la actualidad, exactitud y veracidad de los mismos, si bien advierte que no son los textos oficiales y declina toda responsabilidad por los daños que puedan causarse debido a las inexactitudes o incorrecciones de los mismos.

Los únicos textos considerados legalmente válidos son los que aparecen en las publicaciones oficiales de los correspondientes organismos autonómicos o nacionales.

© TIRANT LO BLANCH
EDITA: TIRANT LO BLANCH
C/ Artes Gráficas, 14 - 46010 - Valencia
Telfs.: 96/361 00 48 - 50
Fax: 96/369 41 51
Email: tlb@tirant.com
www.tirant.com
Librería virtual: https://editorial.tirant.com/cl
ISBN: 978-84-1071-159-4

Si tiene alguna queja o sugerencia, envíenos un mail a: *atencioncliente@tirant.com*. En caso de no ser atendida su sugerencia, por favor, lea en *www.tirant.net/index.php/empresa/politicas-de-empresa* nuestro procedimiento de quejas.

Responsabilidad Social Corporativa: http://www.tirant.net/Docs/RSCTirant.pdf

Índice temático

DFL 1 FIJA EL TEXTO REFUNDIDO, COORDINADO Y SISTEMATIZADO DE LA LEY Nº 18.695, ORGÁNICA CONSTITUCIONAL DE MUNICIPALIDADES

MINISTERIO DEL INTERIOR; SUBSECRETARÍA DE DESARROLLO REGIONAL Y ADMINISTRATIVO

Fecha Publicación: 26-JUL-2006 | Fecha Promulgación: 09-MAY-2006

Tipo Versión: Última Versión De: 04-OCT-2022 Inicio Vigencia: 04-OCT-2022

Fin Vigencia: 31-MAR-2023

Ultima Modificación: 04-OCT-2022 Ley 21493 Url Corta: https://bcn.cl/36r3x0

TIENE TEXTO DIFERIDO

Con Vigencia Diferida por Evento: Las modificaciones introducidas a la presente norma por el Título VI de la Ley 21.040 entrarán en vigencia desde la fecha de traspaso del servicio educacional al Servicio Local respectivo.
Con Vigencia Diferida por Fecha: 01-ABR-2023

Modificación de la LEY 21534 SOBRE PUBLICIDAD DE LAS SESIONES DE LOS CONSEJOS REGIONALES Y CONCEJOS MUNICIPALES
MINISTERIO DEL INTERIOR Y SEGURIDAD PÚBLICA.
Promulgación: 20-ENE-2023

Publicación: 31-ENE-2023

Versión: Única - 01-ABR-2023
Materias: Consejo Regional, Sesiones públicas

DFL Núm. 1.- Santiago, 9 de mayo de 2006.- Visto: Lo dispuesto en el inciso 5º y siguientes del artículo 64 de la Constitución Política de la República, cuyo texto refundido, coordinado y sistematizado se fijó por Decreto Supremo Nº 100, de 2005, del Ministerio Secretaría General de la Presidencia.

Decreto con fuerza de ley:

Fíjase el siguiente texto refundido, coordinado y sistematizado de la Ley Nº 18.695, Orgánica Constitucional de Municipalidades:

TÍTULO I
DE LA MUNICIPALIDAD

Párrafo 1º Naturaleza y constitución

Artículo 1º.- La administración local de cada comuna o agrupación de comunas que determine la ley reside en una municipalidad.

D.F.L 1-19.704
ART. 1°
D.O. 03.05.2002

Las municipalidades son corporaciones autónomas de derecho público, con personalidad jurídica y patrimonio propio, cuya finalidad es satisfacer las necesidades de la comunidad local y asegurar su participación en el progreso económico, social y cultural de las respectivas comunas.

Artículo 2°.- Las municipalidades estarán constituidas por el alcalde, que será su máxima autoridad, y por el concejo.

D.F.L 1-19.704
ART. 2°
D.O. 03.05.2002

Párrafo 2° Funciones y atribuciones

Artículo 3°.- Corresponderá a las municipalidades, en el ámbito de su territorio, las siguientes funciones privativas:

D.F.L 1-19.704
ART. 3°
D.O. 03.05.2002

a) Elaborar, aprobar y modificar el plan comunal de desarrollo cuya aplicación deberá armonizar con los planes regionales y nacionales;

b) La planificación y regulación de la comuna y la confección del plan regulador comunal, de acuerdo con las normas legales vigentes;

c) La promoción del desarrollo comunitario;

d) Aplicar las disposiciones sobre transporte y tránsito públicos, dentro de la comuna, en la forma que determinen las leyes y las normas técnicas de carácter general que dicte el ministerio respectivo;

e) Aplicar las disposiciones sobre construcción y urbanización, en la forma que determinen las leyes, sujetándose a las normas técnicas de carácter general que dicte el ministerio respectivo, y

f) El aseo y ornato de la comuna. Respecto a los residuos domiciliarios, su recolección, transporte y/o disposición final corresponderá a las municipalidades, con excepción de las que estén situadas en un área metropolitana y convengan con el respectivo gobierno regional que asuma total o parcialmente estas tareas. Este último deberá contar con las respectivas autorizaciones de las Secretarías Regionales Ministeriales de Vivienda y Urbanismo, de Medio Ambiente y de Salud.

Ley 21074
Art. 5 N° 1
D.O. 15.02.2018

En estos casos, la municipalidad transferirá al gobierno regional el total o la parte proporcional de los derechos de aseo cobrados que correspondan a las tareas asumidas por éste, según se determine en el acuerdo respectivo. El alcalde que no cumpla con este deber podrá ser sancionado por el tribunal electoral regional competente por notable abandono de deberes o mediante la aplicación de alguna de las medidas disciplinarias dispuestas en las letras a), b) o c) del artículo 120 de la ley N° 18.883.

Artículo 4°.- Las municipalidades, en el ámbito de su territorio, podrán desarrollar, directamente o con otros órganos de la Administración del Estado, funciones relacionadas con:

D.F.L 1-19.704
ART. 4°
D.O. 03.05.2002

a) La educación y la cultura;
b) La salud pública y la protección del medio ambiente;
c) La asistencia social y jurídica;
d) La capacitación, la promoción del empleo y el fomento productivo;
e) El turismo, el deporte y la recreación;
f) La urbanización y la vialidad urbana y rural;
g) La construcción de viviendas sociales e infraestructuras sanitarias;
h) El transporte y tránsito públicos;
i) La Gestión del Riesgo de Desastres en el territorio de la comuna, la que comprenderá especialmente las acciones relativas a las Fases de Mitigación y Preparación de estos eventos, así como las acciones vinculadas a las Fases de Respuesta y Recuperación frente a emergencias.

Ley 21364
Art. 45 N° 1
D.O. 07.08.2021

j) El desarrollo, implementación, evaluación, promoción, capacitación y apoyo de acciones de prevención social y situacional, la celebración de convenios con otras entidades públicas para la aplicación de planes de reinserción social y de asistencia a víctimas, así como también la adopción de medidas en el ámbito de la seguridad pública a nivel comunal, sin perjuicio de las funciones del Ministerio del Interior y Seguridad Pública y de las Fuerzas de Orden y Seguridad;

Ley 20965
Art. 1 N° 1
D.O. 04.11.2016

k) La promoción de la igualdad de oportunidades entre hombres y mujeres, y
l) El desarrollo de actividades de interés común en el ámbito local.
m) La promoción de los derechos de los niños, niñas y adolescentes, la prevención de vulneraciones de derechos y la protección general de los mismos.

Ley 21430
Art. 84
D.O. 15.03.2022

La Ley 21040, Art. 69, N° 1, D.O. 24.11.2017 modificó este Artículo, lo que depende del siguiente evento para que entre en vigencia: Las modificaciones introducidas a la presente norma por el Título VI de la ley 21.040 entrarán en vigencia desde la fecha del traspaso del servicio educacional al Servicio Local respectivo.

Artículo 5°.- Para el cumplimiento de sus funciones las municipalidades tendrán las siguientes atribuciones esenciales:

D.F.L 1-19.704
ART. 5°
D.O. 03.05.2002

a) Ejecutar el plan comunal de desarrollo y los programas necesarios para su cumplimiento;

b) Elaborar, aprobar, modificar y ejecutar el presupuesto municipal;

c) Administrar los bienes municipales y nacionales de uso público, incluido su subsuelo, existentes en la comuna, salvo que, en atención a su naturaleza o fines y de conformidad a la ley, la administración de estos últimos corresponda a otros órganos de la Administración del Estado. En ejercicio de esta atribución, les corresponderá, previo informe del consejo comunal de organizaciones de la sociedad civil, asignar y cambiar la denominación de tales bienes. Asimismo, con el acuerdo de los dos tercios de los concejales en ejercicio, podrá hacer uso de esta atribución respecto de poblaciones, barrios y conjuntos habitacionales, en el territorio bajo su administración.

Ley 20500
Art. 33 Nº 1
D.O. 16.02.2011

Ley 20499
Art. ÚNICO Nº 1
D.O. 08.02.2011

Las municipalidades podrán autorizar, por un plazo de cinco años, el cierre o la implementación de medidas de control de acceso a calles y pasajes, o a conjuntos habitacionales urbanos o rurales con una misma vía de acceso y salida, con el objeto de garantizar la seguridad de los vecinos. Además, en idénticos términos, se podrá autorizar la implementación de medidas de control de acceso en calles y pasajes que tuvieren un acceso y salida diferentes, y siempre que no se limite ni entorpezca con ello, en forma alguna, el tránsito peatonal y en todo momento se permita el acceso a los vehículos de emergencia, de seguridad pública, de utilidad pública y de beneficio comunitario. Dicha autorización requerirá el acuerdo del concejo respectivo. El plazo se entenderá prorrogado automáticamente por igual período, salvo resolución fundada en contrario de la municipalidad con acuerdo del concejo.

Ley 21411
Art. ÚNICO Nº 1 a) y b)
D.O. 25.01.2022

d) Dictar resoluciones obligatorias con carácter general o particular;

e) Establecer derechos por los servicios que presten y por los permisos y concesiones que otorguen;

f) Adquirir y enajenar, bienes muebles e inmuebles;

g) Otorgar subvenciones y aportes para fines específicos a personas jurídicas de carácter público o privado, sin fines de lucro, que colaboren directamente en el cumplimiento de sus funciones.

Estas subvenciones y aportes no podrán exceder, en conjunto, al siete por ciento del presupuesto municipal. Este límite no incluye a las subvenciones y aportes que las municipalidades destinen a las actividades de educación, de salud o de atención de menores que les hayan sido traspasadas en virtud de lo establecido en el Decreto con Fuerza de Ley Nº 1 3.063, de Interior, de 1980, cualesquiera sea su forma de administración, ni las destinadas a los Cuerpos de Bomberos. Asimismo, este límite no incluye a las subvenciones o aportes que las Municipalidades de Santiago, Vitacura, Providencia y Las Condes efectúen a la "Corporación Cultural de la I. Municipalidad de Santiago", para el financiamiento de actividades de carácter cultural que beneficien a los habitantes de dichas comunas;

LEY Nº 20.033
ART. 5º Nº 1

D.O. 01.07.2005

h) Aplicar tributos que graven actividades o bienes que tengan una clara identificación local y estén destinados a obras de desarrollo comunal, para cuyo efecto las autoridades comunales deberán actuar dentro de las normas que la ley establezca;

i) Constituir corporaciones o fundaciones de derecho privado, sin fines de lucro, destinadas a la promoción y difusión del arte y la cultura. La participación municipal en estas corporaciones se regirá por las normas establecidas en el Párrafo 1° del Título VI;

Ley 20958
Art. 3, N° 1 a)
D.O. 15.10.2016

j) Establecer, en el ámbito de las comunas o agrupación de comunas, territorios denominados unidades vecinales, con el objeto de propender a un desarrollo equilibrado y a una adecuada canalización de la participación ciudadana;

NOTA

k) Aprobar los planes reguladores comunales y los planes seccionales de comunas que formen parte de un territorio normado por un plan regulador metropolitano o intercomunal, y pronunciarse sobre el proyecto de plan regulador comunal o de plan seccional de comunas que no formen parte de un territorio normado por un plan regulador metropolitano o intercomunal;

Ley 20791
Art. 2 N° 1
D.O. 29.10.2014

l) Elaborar, aprobar, ejecutar y evaluar el plan comunal de seguridad pública.

Ley 20965
Art. 1 N° 2, b)
D.O. 04.11.2016

Para realizar dichas acciones, las municipalidades tendrán en consideración las observaciones efectuadas por el consejo comunal de seguridad pública y por cada uno de sus consejeros.

m) Aprobarlos planos de detalle de los planes reguladores comunales y de los planes seccionales;

n) Elaborar, aprobar, modificar y materializar los planes de inversiones en infraestructura de movilidad y espacio público, y

o) Recaudar, administrar y ejecutar, en una cuenta especial y separada del resto del presupuesto municipal, los aportes al espacio público que se perciban, de conformidad a las disposiciones de la Ley General de Urbanismo y Construcciones, y suscribir los convenios sobre aportes urbanos reembolsables que regula el mismo cuerpo legal.

Las municipalidades tendrán, además, las atribuciones no esenciales que le confieren las leyes o que versen sobre materias que la Constitución Política de la República expresamente ha encargado sean reguladas por la ley común.

Sin perjuicio de las funciones y atribuciones de otros organismos públicos, las municipalidades podrán colaborar en la fiscalización y en el cumplimiento de las disposiciones legales y reglamentarias correspondientes a la protección del medio ambiente, dentro de los límites comunales.

Cualquier nueva función o tarea que se le asigne a los municipios deberá contemplar el financiamiento respectivo.

Las municipalidades podrán asociarse entre ellas para el cumplimiento de sus fines propios, de acuerdo con las reglas establecidas en el Párrafo 2° del Título VI.

NOTA

La letra a), del N° 1, Artículo 1° de la Ley 20965, publicada el 04.11.2016, ordena reemplazar en la letra j) la expresión ", y" por un punto y coma. Sin embargo, la letra a), del N° 1, Artículo, 3° de la Ley 20958, publicada el 15.10.2016, incorporó el mismo cambio. Por otra parte, la letra b, de la Ley 20965, ordena agregar, a continuación de la letra k) del inciso primero, la siguiente letra l), nueva, pasando la actual letra l) a ser m), sin hacer referencia a las letras ya existentes. No obstante lo anterior, se cambió la identificación de las letras.

D.F.L 1-19.704
ART. 6°
D.O. 03.05.2002

Artículo 6°.- La gestión municipal contará, a lo menos, con los siguientes instrumentos:
a) El plan comunal de desarrollo y sus programas;
b) El plan regulador comunal;

Ley 20922
Art. 4 N° 1 a), b), c)
D.O. 25.05.2016

c) El presupuesto municipal anual;
d) La política de recursos humanos, y

Ley 20965
Art. 1 N° 3 a), b), c)
D.O. 04.11.2016

e) El plan comunal de seguridad pública.

Artículo 7°.- El plan comunal de desarrollo, instrumento rector del desarrollo en la comuna, contemplará las acciones orientadas a satisfacer las necesidades de la comunidad local y a promover su avance social, económico y cultural. Su vigencia mínima será de cuatro años, sin que necesariamente deba coincidir con el período de desempeño de las autoridades municipales electas por la ciudadanía. Su ejecución deberá someterse a evaluación periódica, dando lugar a los ajustes y modificaciones que correspondan.

D.F.L 1-19.704
ART. 7°
D.O. 03.05.2002

En todo caso, en la elaboración y ejecución del plan comunal de desarrollo, tanto el alcalde como el concejo deberán tener en cuenta la participación ciudadana y la necesaria coordinación con los demás servicios públicos que operen en el ámbito comunal o ejerzan competencias en dicho ámbito.

Artículo 8°.- Para el cumplimiento de sus funciones, las municipalidades podrán celebrar convenios con otros órganos de la Administración del Estado en las condiciones que señale la ley respectiva, sin alterar las atribuciones y funciones que corresponden a los municipios.

D.F.L 1-19.704
ART. 8°

D.O. 03.05.2002

Asimismo, a fin de atender las necesidades de la comunidad local, las municipalidades podrán celebrar contratos que impliquen la ejecución de acciones determinadas.

De igual modo, podrán otorgar concesiones para la prestación de determinados servicios municipales o para la administración de establecimientos o bienes específicos que posean o tengan a cualquier título.

La celebración de los contratos y el otorgamiento de las concesiones a que aluden los incisos precedentes se hará previa licitación pública, en el caso que el monto de los contratos o el valor de los bienes involucrados exceda de doscientas unidades tributarias mensuales o, tratándose de concesiones, si el total de los derechos o prestaciones que deba pagar el concesionario sea superior a cien unidades tributarias mensuales.

Si el monto de los contratos o el valor de los bienes involucrados o los derechos o prestaciones a pagarse por las concesiones son inferiores a los montos señalados en el inciso precedente, se podrá llamar a propuesta privada. Igual procedimiento se aplicará cuando, no obstante que el monto de los contratos o el valor de los bienes involucrados exceda de los montos indicados en dicho inciso, concurran imprevistos urgentes u otras circunstancias debidamente calificadas por el concejo, en sesión especialmente convocada al efecto y con el voto favorable de la mayoría absoluta de los concejales en ejercicio.

Si no se presentaren interesados o si el monto de los contratos no excediere de cien unidades tributarias mensuales, se podrá proceder mediante contratación directa.

El alcalde informará al concejo sobre la adjudicación de las concesiones, de las licitaciones públicas, de las propuestas privadas, de las contrataciones directas de servicios para el municipio y de las contrataciones de personal, en la primera sesión ordinaria que celebre el concejo con posterioridad a dichas adjudicaciones o contrataciones, informando por escrito sobre las diferentes ofertas recibidas y su evaluación.

Con todo, lo dispuesto en los incisos anteriores no será aplicable a los permisos municipales, los cuales se regirán por lo establecido en los artículos 36 y 63, letra g), de esta ley.

Artículo 8° bis.- Los gobiernos regionales podrán celebrar convenios formales anuales o plurianuales de programación de inversión pública con municipalidades, cuyo cumplimiento será obligatorio.

Ley 21074
Art. 5 N° 2
D.O. 15.02.2018

La ley orgánica constitucional sobre gobierno y administración regional establecerá las normas generales que regularán la suscripción, ejecución y exigibilidad de los referidos convenios.

Dichos convenios de programación definirán las acciones relacionadas con los proyectos de inversión que se disponen a realizar dentro de un plazo determinado. Para lo anterior, deberán especificar el o los proyectos sobre los cuales se aplicarán, las responsabilidades y obligaciones de las partes, las metas por cumplir, los procedimientos de evaluación y las normas de revocabilidad. Asimismo, deberán incluir, cuando corresponda, cláusulas que permitan reasignar recursos entre proyectos.

A los convenios de programación se podrán incorporar otras entidades públicas o privadas, nacionales, regionales o locales, cuyo concurso o aporte se estime necesario para la mayor eficiencia en su ejecución.

En caso de tener carácter plurianual, las municipalidades deberán contemplar en sus respectivos presupuestos la estimación de los recursos correspondientes al año pertinente según las obligaciones adquiridas al momento de la suscripción.

Los convenios a que se refiere este artículo deberán ser sancionados mediante decreto supremo expedido bajo la fórmula establecida en el artículo 70 del decreto ley N° 1.263, del Ministerio de Hacienda, de 1975. Los proyectos que se incluyan en dichos convenios deberán cumplir con lo dispuesto en el artículo 19 bis del mencionado decreto ley.

Artículo 8º ter.- Los gobiernos regionales podrán suscribir convenios de programación territorial, con una o más municipalidades, de carácter anual o plurianual, destinados a formalizar los acuerdos para la ejecución de proyectos de impacto comunal o intercomunal en los plazos y con los aportes financieros de las partes que en cada caso se acuerden. Estos convenios deberán ser sancionados mediante resolución del gobierno regional respectivo.

Ley 21074
Art. 5 N° 2
D.O. 15.02.2018

Artículo 8 quáter.- Sin perjuicio de lo dispuesto en el artículo 8, las municipalidades podrán celebrar convenios con la Tesorería General de la República para que ésta efectúe el pago a proveedores de servicios concesionados de recolección de residuos sólidos domiciliarios, directamente con cargo a la recaudación de impuesto territorial de beneficio municipal correspondiente a la respectiva comuna y, en caso de ser insuficiente, con cargo a la participación mensual de la respectiva comuna en el fondo a que se refiere el artículo 38 del decreto ley N° 3.063, de 1979, sobre rentas municipales, cuyo texto refundido y sistematizado fue fijado por el decreto N° 2.385, de 1996, del Ministerio del Interior. La Tesorería General de la República deberá informar a la Subsecretaría de Desarrollo Regional y Administrativo dentro de los treinta días siguientes a la suscripción de dicho convenio.

Ley 21445
Art. 1 N° 1
D.O. 28.04.2022

Con todo, en el caso de municipalidades que no hayan suscrito los convenios de conformidad con el inciso anterior, los proveedores de los servicios concesionados podrán solicitar a la Tesorería General de la República el pago de las facturas emitidas y no objetadas por parte del municipio, y que se encuentren impagas por un plazo mayor a treinta días contado desde su aceptación. La Tesorería General de la República deberá comunicar por oficio al municipio la solicitud de pago recibida, con el objeto de que éste pueda suscribir el convenio dentro del plazo de treinta días corridos contado desde la recepción del oficio. Si el municipio no suscribiere el convenio en dicho plazo, la Tesorería General de la República enviará los antecedentes al jefe de la unidad de control de la municipalidad respectiva, y será aplicable lo dispuesto en el inciso segundo del artículo 81. De esta forma, los proveedores recibirán el pago con cargo a los montos pendientes de distribuir para la respectiva municipalidad, según lo señalado en el inciso precedente, con prioridad según la fecha de presentación de la solicitud. En caso de no alcanzar los fondos para pagar el total de las facturas adeudadas, éstas quedarán pendientes para ser pagadas con prioridad al mes siguiente, y así sucesivamente. En ningún caso podrá imputarse responsabilidad alguna al Fisco sobre pagos municipales pendientes.

Las municipalidades podrán subrogarse en los proveedores de servicios concesionados de recolección de residuos sólidos domiciliarios, en aquellos casos en que, por cualquier razón, éstos tuvieren deudas con trabajadores por prestaciones laborales o previsionales impagas.

D.F.L 1-19.704
ART. 9°
D.O. 03.05.2002

Artículo 9°.- Las municipalidades deberán actuar, en todo caso, dentro del marco de los planes nacionales y regionales que regulen la respectiva actividad.

Corresponderá al delegado presidencial regional de la región respectiva, respecto de los planes nacionales, y al gobernador regional, respecto de los planes regionales, velar por el cumplimiento de lo que dispone el inciso anterior.

Ley 21073
Art. 10 N° 1
D.O. 22.02.2018

Artículo 10.- La coordinación entre las municipalidades y entre éstas y los servicios públicos que dependan o se relacionen con el Presidente de la República a través de un ministerio, y que actúen en sus respectivos territorios, se efectuará mediante acuerdos directos entre estos organismos. A falta de acuerdo, el delegado presidencial provincial que corresponda dispondrá de las medidas necesarias para la coordinación requerida, a solicitud de cualquiera de los alcaldes interesados.

Ley 21073
Art. 10 N° 2
D.O. 22.02.2018

Asimismo, la coordinación entre las municipalidades y entre éstas y los servicios públicos que dependan o se relacionen con el gobierno regional, y que actúen en sus respectivos territorios, se efectuará mediante acuerdos directos entre estos organismos. A falta de acuerdo, el gobernador regional que corresponda dispondrá de las medidas necesarias para la coordinación requerida, a solicitud de cualquiera de los alcaldes interesados.

En todo caso, la coordinación deberá efectuarse sin alterar las atribuciones y funciones que correspondan a los organismos respectivos.

Artículo 11.- Las municipalidades podrán desarrollar actividades empresariales o participar en ellas sólo si una ley de quórum calificado las autoriza.

D.F.L 1-19.704
ART. 11
D.O. 03.05.2002

Artículo 12.- Las resoluciones que adopten las municipalidades se denominarán ordenanzas, reglamentos municipales, decretos alcaldicios o instrucciones.

Las ordenanzas serán normas generales y obligatorias aplicables a la comunidad. En ellas podrán establecerse multas para los infractores, cuyo monto no excederá de cinco unidades tributarias mensuales, las que serán aplicadas por los juzgados de policía local correspondientes.

D.F.L 1-19.704
ART. 12
D.O. 03.05.2002

Los reglamentos municipales serán normas generales obligatorias y permanentes, relativas a materias de orden interno de la municipalidad.

Los decretos alcaldicios serán resoluciones que versen sobre casos particulares.

Las instrucciones serán directivas impartidas a los subalternos.

Todas estas resoluciones estarán a disposición del público y deberán ser publicadas en los sistemas electrónicos o digitales de que disponga la municipalidad.

LEY 20285
Art. CUARTO Nº 1
D.O. 20.08.2008

Párrafo 3º Patrimonio y financiamiento municipales

Artículo 13.- El patrimonio de las municipalidades estará constituido por:

D.F.L 1-19.704
ART. 13
D.O. 03.05.2002

a) Los bienes corporales e incorporales que posean o adquieran a cualquier título;

b) El aporte que les otorgue el gobierno regional respectivo;

c) Los ingresos provenientes de su participación en el Fondo Común Municipal;

d) Los derechos que cobren por los servicios que presten y por los permisos y concesiones que otorguen;

e) Los ingresos que perciban con motivo de sus actividades o de las de los establecimientos de su dependencia;

f) Los ingresos que recauden por los tributos que la ley permita aplicar a las autoridades comunales, dentro de los marcos que la ley señale, que graven actividades o bienes que tengan una clara identificación local, para ser destinados a obras de desarrollo comunal, sin perjuicio de la disposición sexta transitoria de la Constitución Política, comprendiéndose dentro de ellos, tributos tales como el impuesto territorial establecido en la Ley sobre Impuesto Territorial, el permiso de circulación de vehículos consagrado en la Ley de Rentas Municipales, y las patentes a que se refieren los artículos 23 y 32 de dicha ley y 3º de la Ley sobre Expendio y Consumo de Bebidas Alcohólicas;

g) Las multas e intereses establecidos a beneficio municipal, y

h) Los demás ingresos que les correspondan en virtud de las leyes vigentes.

Artículo 14.- Las municipalidades gozarán de autonomía para la administración de sus finanzas.

D.F.L 1-19.704
ART. 13
D.O. 03.05.2002

En el ejercicio de esta autonomía, las municipalidades podrán requerir del Servicio de Tesorerías, información sobre los montos, distribución y estimaciones de rendimiento de todos los ingresos de beneficio municipal que ese organismo recaude.

LEY Nº 20.033
ART. 5º Nº 2 a)
D.O. 01.07.2005

Para garantizar el cumplimiento de los fines de las municipalidades y su adecuado funcionamiento, existirá un mecanismo de redistribución solidaria de recursos financieros entre las municipalidades del país, denominado Fondo Común Municipal, el cual estará integrado por los siguientes recursos:

1.- Un sesenta por ciento del impuesto territorial que resulte de aplicar la tasa a que se refiere el artículo 7º de la Ley sobre Impuesto Territorial; no obstante, tratándose de las Municipalidades de Santiago, Providencia, Las Condes y Vitacura, su aporte por este concepto será de un sesenta y cinco por ciento;

2.- Un sesenta y dos coma cinco por ciento del derecho por el permiso de circulación de vehículos que establece la Ley de Rentas Municipales, sin perjuicio de lo establecido en su artículo 12;

3.- Un cincuenta y cinco por ciento de lo que recaude la Municipalidad de Santiago y un sesenta y cinco por ciento de lo que recauden las Municipalidades de Providencia, Las Condes y Vitacura, por el pago de las patentes a que se refieren los artículos 23 y 32 de la Ley de Rentas Municipales, y 3° de la Ley sobre Expendio y Consumo de Bebidas Alcohólicas;

4.- Un cincuenta por ciento del derecho establecido en el N° 7 del artículo 41 del Decreto Ley N° 3.063, de 1979, Ley de Rentas Municipales, en la transferencia de vehículos con permisos de circulación;

LEY N° 19.816
ART. 2° a)
D.O. 07.08.2002

5.- El monto total del impuesto territorial que paguen los inmuebles fiscales afectos a dicho impuesto, conforme lo establece la Ley N° 17.235; y por un aporte fiscal que se considerará anualmente en la Ley de Presupuestos, cuyo monto será equivalente en pesos a 1.052.000 unidades tributarias mensuales, a su valor del mes de agosto del año precedente, y

LEY N° 20.033
ART. 5° N° 2 b)
D.O. 01.07.2005

Ley 20922
Art. 4 N° 2
D.O. 25.05.2016

6.- El cien por ciento de lo recaudado por multas impuestas por los Juzgados de Policía Local, por infracciones o contravenciones a las normas de tránsito, detectadas por medio de equipos de registro de infracciones.

LEY N° 19.816
ART. 2° c)
D.O. 07.08.2002

No obstante, tratándose de multas por infracciones o contravenciones al artículo 118 bis de la ley N° 18.290, sólo el 70% de ellas pasarán a integrar el Fondo Común Municipal, quedando el porcentaje restante a beneficio de la municipalidad en que se hubiere aplicado la multa respectiva. Con todo, tratándose de las multas impuestas por infracción a la prohibición establecida en el inciso primero del artículo 114 del decreto con fuerza de ley N° 1, del Ministerio de Justicia, de 2007, que fija el texto refundido, coordinado y sistematizado de la ley N° 18.290, sólo el cincuenta por ciento de lo recaudado ingresará al Fondo Común Municipal, pasando el cincuenta por ciento restante a beneficio municipal.

Ley 20410
Art. 5
D.O. 20.01.2010

LEY 20237
Art. 2° N° 1
D.O. 24.12.2007

La distribución de este Fondo se sujetará a los criterios y normas establecidos en la Ley de Rentas Municipales.

Párrafo 4º Organización interna

Artículo 15.- Las funciones y atribuciones de las municipalidades serán ejercidas por el alcalde y por el concejo en los términos que esta ley señala.

D.F.L 1-19.704
ART. 15
D.O. 03.05.2002

Para los efectos anteriores, las municipalidades dispondrán de una Secretaría Municipal, de una Secretaría Comunal de Planificación y de otras unidades encargadas del cumplimiento de funciones de prestación de servicios y de administración interna, relacionadas con el desarrollo comunitario, obras municipales, aseo y ornato, tránsito y transporte públicos, gestión del riesgo de desastres, administración y finanzas, asesoría jurídica y control. Dichas unidades sólo podrán recibir la denominación de Dirección, Departamento, Sección u Oficina.

Ley 21364
Art. 45 Nº 2
D.O. 07.08.2021

Artículo 16.- Sin perjuicio de lo dispuesto en el artículo anterior, la organización interna de las municipalidades deberá considerar, a lo menos, las siguientes unidades: Secretaría Municipal, Secretaría Comunal de Planificación, Unidad de Desarrollo Comunitario, Unidad de Administración y Finanzas y Unidad de Control.

Ley 20742
Art. 1 Nº 1
D.O. 01.04.2014

Para efectos de lo dispuesto en el inciso anterior, en aquellas municipalidades cuyas plantas funcionarias no consideren en el escalafón directivo los cargos señalados en el inciso precedente, el alcalde estará facultado para crearlos, debiendo, al efecto, sujetarse a las normas sobre selección directiva que la ley dispone.

Dichos cargos tendrán dos grados inmediatamente inferiores a aquel que le corresponde al alcalde en la municipalidad respectiva, y aquellos señalados en el artículo 47 mantendrán la calidad de exclusiva confianza.

En aquellas comunas que tengan más de cien mil habitantes deberán considerarse, también, las unidades encargadas de cada una de las demás funciones genéricas señaladas en el artículo precedente.

Artículo 16 bis.- Existirá un director de seguridad pública en todas aquellas comunas donde lo decida el concejo municipal, a proposición del alcalde.

Ley 20965
Art. 1 Nº 4
D.O. 04.11.2016

Para estos efectos, el alcalde estará facultado para crear dicho cargo y para proveerlo en el momento que decida, de acuerdo a la disponibilidad del presupuesto municipal.

Para desempeñar este cargo se requerirá estar en posesión de un título profesional o técnico de nivel superior otorgado por un establecimiento de educación superior del Estado o reconocidos por éste.

El director de seguridad pública será designado por el alcalde y podrá ser removido por éste, sin perjuicio que rijan a su respecto, además, las causales de cesación de funciones aplicables al personal municipal.

Dicho director será el colaborador directo del alcalde en las tareas de coordinación y gestión de las funciones de la letra j) del artículo 4, en el seguimiento del plan comunal de seguridad pública, y ejercerá las funciones que le delegue el alcalde, siempre que estén vinculadas con la naturaleza de su función.

La designación y remoción del director de seguridad pública deberá ser informada a la Subsecretaría de Prevención del Delito y a la delegación presidencial regional respectiva. Ambos órganos deberán llevar una nómina actualizada de los directores de seguridad pública a niveles nacional y regional, según corresponda.

Ley 21073
Art. 10 N° 3
D.O. 22.02.2018

Artículo 17.- Las municipalidades de comunas con menos de cien mil habitantes podrán refundir, en una sola unidad, dos o más funciones genéricas, cuando las necesidades y características de la comuna respectiva así lo requieran. Esta facultad no podrá ejercerse respecto de las unidades mínimas señaladas en el artículo anterior.

Ley 20742
Art. 1 N° 2
D.O. 01.04.2014

Artículo 18.- Dos o más municipalidades, de aquéllas a que alude el inciso primero del artículo anterior, podrán, mediante convenio celebrado al efecto y cuyo eventual desahucio unilateral no producirá consecuencias sino hasta el subsiguiente año presupuestario, compartir entre sí una misma unidad, excluidas la secretaría municipal, el administrador municipal y la unidad de control, con el objeto de lograr un mejor aprovechamiento de los recursos humanos disponibles.

D.F.L 1-19.704
ART. 18
D.O. 03.05.2002

Artículo 19.- Para los efectos de determinar la población de las comunas se considerará el censo legalmente vigente.

D.F.L 1-19.704
ART. 19
D.O. 03.05.2002

En el caso de las municipalidades correspondientes a agrupaciones de comunas, el número de habitantes que se tendrá en cuenta para los efectos de los artículos anteriores, será la totalidad de la población de las comunas que las integren.

Artículo 20.- La Secretaría Municipal estará a cargo de un secretario municipal que tendrá las siguientes funciones:

D.F.L 1-19.704
ART. 20

D.O. 03.05.2002

a) Dirigir las actividades de secretaría administrativa del alcalde y del concejo;

b) Desempeñarse como ministro de fe en todas las actuaciones municipales, y

c) Recibir, mantener y tramitar, cuando corresponda, la declaración de intereses establecida por la Ley N° 18.575.

d) Llevar el registro municipal a que se refiere el artículo 6° de la ley N° 19.418, sobre Juntas de Vecinos y demás Organizaciones Comunitarias.

Ley 20741
Art. 2
D.O. 01.04.2014

Artículo 21.- La Secretaría Comunal de Planificación desempeñará funciones de asesoría del alcalde y del concejo, en materias de estudios y evaluación, propias de las competencias de ambos órganos municipales.

D.F.L 1-19.704
ART. 21
D.O. 03.05.2002

En tal carácter, le corresponderán las siguientes funciones:

a) Servir de secretaría técnica permanente del alcalde y del concejo en la formulación de la estrategia municipal, como asimismo de las políticas, planes, programas y proyectos de desarrollo de la comuna;

b) Asesorar al alcalde en la elaboración de los proyectos de plan comunal de desarrollo y de presupuesto municipal;

c) Evaluar el cumplimiento de los planes, programas, proyectos, inversiones y el presupuesto municipal, e informar sobre estas materias al concejo, a lo menos semestralmente;

d) Efectuar análisis y evaluaciones permanentes de la situación de desarrollo de la comuna, con énfasis en los aspectos sociales y territoriales;

e) Elaborar las bases generales y específicas, según corresponda, para los llamados a licitación, previo informe de la unidad competente, de conformidad con los criterios e instrucciones establecidos en el reglamento municipal respectivo;

f) Fomentar vinculaciones de carácter técnico con los servicios públicos y con el sector privado de la comuna, y

g) Recopilar y mantener la información comunal y regional atingente a sus funciones.

Adscrito a esta unidad existirá el asesor urbanista, quien requerirá estar en posesión de un título universitario de una carrera de, a lo menos, diez semestres, correspondiéndole las siguientes funciones:

a) Asesorar al alcalde y al concejo en la promoción del desarrollo urbano;

Ley 20791
Art. 2 N° 2
D.O. 29.10.2014

b) Estudiar y elaborar el plan regulador comunal, y mantenerlo actualizado, promoviendo las modificaciones que sean necesarias y preparar el plan de inversiones en infraestructura de movilidad y espacio público y los planos de detalle y planes seccionales, en su caso, y

Ley 20958
Art. 3, N° 2
D.O. 15.10.2016

c) Informar técnicamente las proposiciones sobre planificación urbana intercomunal, formuladas al municipio por la Secretaría Regional Ministerial de Vivienda y Urbanismo.

Artículo 22.- La unidad encargada del desarrollo comunitario tendrá como funciones específicas

D.F.L 1-19.704
ART. 22
D.O. 03.05.2002

a) Asesorar al alcalde y, también, al concejo en la promoción del desarrollo comunitario;

b) Prestar asesoría técnica a las organizaciones comunitarias, fomentar su desarrollo y legalización, y promover su efectiva participación en el municipio, y

c) Proponer y ejecutar, dentro de su ámbito y cuando corresponda, medidas tendientes a materializar acciones relacionadas con salud pública, protección del medio ambiente, educación y cultura, capacitación laboral, deporte y recreación, promoción del empleo, fomento productivo local y turismo.

La Ley 21040, Art. 69, N° 2 a), D.O. 24.11.2017 modificó este Artículo, lo que depende del siguiente evento para que entre en vigencia: Las modificaciones introducidas a la presente norma por el Título VI de la ley 21.040 entrarán en vigencia desde la fecha del traspaso del servicio educacional al Servicio Local respectivo.

Artículo 23.- La unidad de servicios de salud, educación y demás incorporados a la gestión municipal tendrá la función de asesorar al alcalde y al concejo en la formulación de las políticas relativas a dichas áreas.

D.F.L 1-19.704
ART. 23
D.O. 03.05.2002

Cuando la administración de dichos servicios sea ejercida directamente por la municipalidad, le corresponderá cumplir, además, las siguientes funciones:

a) Proponer y ejecutar medidas tendientes a materializar acciones y programas relacionados con salud pública y educación, y demás servicios incorporados a su gestión, y

b) Administrar los recursos humanos, materiales y financieros de tales servicios, en coordinación con la unidad de administración y finanzas.

Cuando exista corporación municipal a cargo de la administración de servicios traspasados, y sin perjuicio de lo dispuesto en el inciso primero, a esta unidad municipal le corresponderá formular proposiciones con relación a los aportes o subvenciones a dichas corporaciones, con cargo al presupuesto municipal, y proponer mecanismos que permitan contribuir al mejoramiento de la gestión de la corporación en las áreas de su competencia.

Artículo 24.- A la unidad encargada de obras municipales le corresponderán las siguientes funciones:

D.F.L 1-19.704
ART. 24
D.O. 03.05.2002

a) Velar por el cumplimiento de las disposiciones de la Ley General de Urbanismo y Construcciones, del plan regulador comunal y de las ordenanzas correspondientes, para cuyo efecto gozará de las siguientes atribuciones específicas:

1) Dar aprobación a las fusiones, subdivisiones y modificaciones de deslindes de predios en las áreas urbanas, de extensión urbana, o rurales en caso de aplicación del artículo 55 de la Ley General de Urbanismo y Construcciones;

Ley 20703
Art. TERCERO N° 1, 2, 3, 4
D.O. 05.11.2013

2) Dar aprobación a los anteproyectos y proyectos de obras de urbanización y edificación y otorgar los permisos correspondientes, previa verificación de que éstos cumplen con los aspectos a revisar de acuerdo a la Ley General de Urbanismo y Construcciones.

3) Fiscalizar la ejecución de dichas obras hasta el momento de su recepción, y

4) Recibirse de las obras y autorizar su uso, previa verificación de que éstas cumplen con los aspectos a revisar de acuerdo a la Ley General de Urbanismo y Construcciones.

b) Fiscalizar las obras en uso, a fin de verificar el cumplimiento de las disposiciones legales y técnicas que las rijan;

c) Aplicar normas ambientales relacionadas con obras de construcción y urbanización;

d) Confeccionar y mantener actualizado el catastro de las obras de urbanización y edificación realizadas en la comuna;

e) Ejecutar medidas relacionadas con la vialidad urbana y rural y pronunciarse sobre los informes de mitigación de impacto vial presentados en la comuna a petición de la secretaría regional ministerial de Transportes y Telecomunicaciones o de la dirección de Tránsito y Transporte Públicos Municipal respectiva;

Ley 20958
Art. 3, N° 3
D.O. 15.10.2016

f) Dirigir las construcciones que sean de responsabilidad municipal, sean ejecutadas directamente o a través de terceros, y

g) En general, aplicar las normas legales sobre construcción y urbanización en la comuna.

Quien ejerza la jefatura de esta unidad deberá poseer indistintamente el título de arquitecto, de ingeniero civil, de constructor civil o de ingeniero constructor civil.

Artículo 25.- A la unidad encargada de la función de medio ambiente, aseo y ornato corresponderá velar por:

D.F.L 1-19.704
ART. 25
D.O. 03.05.2002

a) El aseo de las vías públicas, parques, plazas, jardines y, en general, de los bienes nacionales de uso público existentes en la comuna;

Ley 20417
Art. SEXTO a)
D.O. 26.01.2010

b) El servicio de extracción de basura;

c) La construcción, conservación y administración de las áreas verdes de la comuna;

Ley 20417

Art. SEXTO b)
D.O. 26.01.2010

d) Proponer y ejecutar medidas tendientes a materializar acciones y programas relacionados con medio ambiente;

e) Aplicar las normas ambientales a ejecutarse en la comuna que sean de su competencia, y

f) Elaborar el anteproyecto de ordenanza ambiental. Para la aprobación de la misma, el concejo podrá solicitar siempre un informe técnico al Ministerio del Medio Ambiente.

Artículo 26.- A la unidad encargada de la función de tránsito y transporte públicos corresponderá:

D.F.L 1-19.704
ART. 26
D.O. 03.05.2002

a) Otorgar y renovar licencias para conducir vehículos;

b) Determinar el sentido de circulación de vehículos, en coordinación con los organismos de la Administración del Estado competentes;

c) Señalizar adecuadamente las vías públicas;

Ley 20958
Art. 3, N° 4 a)
D.O. 15.10.2016

d) Aprobar, observar o rechazar los informes de mitigación de impacto vial o emitir opinión sobre ellos, a petición de la secretaría regional ministerial de Transportes y Telecomunicaciones, conforme a lo dispuesto en la Ley General de Urbanismo y Construcciones, y

Ley 20958
Art. 3, N° 4 b)
D.O. 15.10.2016

e) En general, aplicar las normas generales sobre tránsito y transporte públicos en la comuna.

Artículo 26 bis.- En general, corresponderá a la Unidad de Gestión del Riesgo de Desastres:

Ley 21364
Art. 45 N° 3
D.O. 07.08.2021

a) Prestar apoyo al alcalde en todas las materias referentes al Sistema Nacional de Prevención y Respuesta ante Desastres.

b) Elaborar el Plan Comunal para la Reducción del Riesgo de Desastres y el Plan Comunal de Emergencia, en conformidad con lo dispuesto en la ley que establece el Sistema Nacional de Prevención y Respuesta ante Desastres y su reglamento.

c) Confeccionar los informes en aquellas materias de su competencia, referidas a los artículos 28 y 32 de la ley indicada en la letra anterior, cuando las unidades señaladas en dichos artículos soliciten su pronunciamiento.

d) Aportar al funcionario que designe el Director Regional del Servicio Nacional de Prevención y Respuesta ante Desastres, la información referente a su comuna para la elaboración del mapa de riesgo que contempla la ley que establece el Sistema Nacional de Prevención y Respuesta ante Desastres.

e) Coordinar con la Dirección Regional del Servicio Nacional de Prevención y Respuesta ante Desastres, y con los organismos o entidades públicas correspondientes, en el marco de sus competencias, las acciones en materia de Gestión del Riesgo de Desastres en su comuna.

Artículo 26 ter.- Esta Unidad se podrá asignar o crear a proposición del alcalde y con la aprobación del concejo municipal respectivo. Una vez que el alcalde cuente con la aprobación anterior, estará facultado para crear y proveer el cargo de encargado de la Unidad de Gestión del Riesgo de Desastres, para lo que se considerará la disponibilidad en el presupuesto municipal, lo cual deberá ser certificado por los jefes de las unidades de administración y finanzas, y de control de la municipalidad respectiva.

Ley 21364
Art. 45 N° 4
D.O. 07.08.2021

El cargo aludido corresponderá al escalafón de directivos o jefaturas, y para su acceso se estará a los requisitos exigidos en el artículo 8 de la ley N° 18.883, según corresponda a un cargo de directivo o de jefatura.

Será designado por el alcalde y podrá ser removido por éste, sin perjuicio de que rijan a su respecto, además, las causales de cesación de funciones aplicables al personal municipal.

Artículo 27.- La unidad encargada de administración y finanzas tendrá las siguientes funciones:

D.F.L 1-19.704
ART. 27
D.O. 03.05.2002

LEY Nº 20.033
ART. 5º Nº 3
D.O. 01.07.2005

a) Asesorar al alcalde en la administración del personal de la municipalidad. Además, deberá informar trimestralmente al concejo municipal sobre las contrataciones de personal realizadas en el trimestre anterior, individualizando al personal, su calidad jurídica, estamento, grado de remuneración y, respecto del personal a honorarios contratado con cargo al subtítulo 21, ítem 03, del presupuesto municipal, el detalle de los servicios prestados. También, en la primera sesión de cada año del concejo, deberá informar a éste sobre el escalafón de mérito del personal municipal y un reporte sobre el registro del personal enviado y tramitado en la Contraloría General de la República en el año inmediatamente anterior.

Ley 20922
Art. 4 N° 3
D.O. 25.05.2016

b) Asesorar al alcalde en la administración financiera de los bienes municipales, para lo cual le corresponderá específicamente:

1.- Estudiar, calcular, proponer y regular la percepción de cualquier tipo de ingresos municipales;

2.- Colaborar con la Secretaría Comunal de Planificación en la elaboración del presupuesto municipal;

3.- Visar los decretos de pago;

4.- Llevar la contabilidad municipal en conformidad con las normas de la contabilidad nacional y con las instrucciones que la Contraloría General de la República imparta al respecto;

5.- Controlar la gestión financiera de las empresas municipales;

6.- Efectuar los pagos municipales, manejar la cuenta bancaria respectiva y rendir cuentas a la Contraloría General de la República. Tratándose del pago a proveedores de servicios concesionados de recolección de residuos sólidos domiciliarios, se estará a lo dispuesto en el artículo 8 quáter.

Ley 21445
Art. 1 N° 2, a) y b)
D.O. 28.04.2022

7.- Recaudar y percibir los ingresos municipales y fiscales que correspondan.

c) Informar trimestralmente al concejo sobre el detalle mensual de los pasivos acumulados desglosando las cuentas por pagar por el municipio y las corporaciones municipales. Al efecto, dichas corporaciones deberán informar a esta unidad acerca de su situación financiera, desglosando las cuentas por pagar.

LEY N° 20.033
ART. 5° N° 3
D.O. 01.07.2005

d) Mantener un registro mensual, el que estará disponible para conocimiento público, sobre el desglose de los gastos del municipio. En todo caso, cada concejal tendrá acceso permanente a todos los gastos efectuados por la municipalidad.

e) Remitir a la Subsecretaría de Desarrollo Regional y Administrativo del Ministerio del Interior, en el formato y por los medios que ésta determine y proporcione, los antecedentes a que se refieren las letras c) y d) precedentes. Dicha Subsecretaría deberá informar a la Contraloría General de la República, a lo menos semestralmente, los antecedentes señalados en la letra c) antes referida.

LEY 20237
Art. 2° N° 2
D.O. 24.12.2007

f) El informe trimestral y el registro mensual a que se refieren las letras c) y d) deberán estar disponibles en la página web de los municipios y, en caso de no contar con ella, en el portal de la Subsecretaría de Desarrollo Regional y Administrativo en un sitio especialmente habilitado para ello.

LEY N° 20.033
ART. 5° N° 3
D.O. 01.07.2005

Artículo 28.- Corresponderá a la unidad encargada de la asesoría jurídica, prestar apoyo en materias legales al alcalde y al concejo. Además, informará en derecho todos los asuntos legales que las distintas unidades municipales le planteen, las orientará periódicamente respecto de las disposiciones legales y reglamentarias, y mantendrá al día los títulos de los bienes municipales.

D.F.L 1-19.704
ART. 28
D.O. 03.05.2002

Podrá, asimismo, iniciar y asumir la defensa, a requerimiento del alcalde, en todos aquellos juicios en que la municipalidad sea parte o tenga interés, pudiendo comprenderse también la asesoría o defensa de la comunidad cuando sea procedente y el alcalde así lo determine.

Además, cuando lo ordene el alcalde, deberá efectuar las investigaciones y sumarios administrativos, sin perjuicio que también puedan ser realizados por funcionarios de cualquier unidad municipal, bajo la supervigilancia que al respecto le corresponda a la asesoría jurídica.

Artículo 29.- A la unidad encargada del control le corresponderán las siguientes funciones:

D.F.L 1-19.704
ART. 29
D.O. 03.05.2002

a) Realizar la auditoría |operativa interna de la municipalidad, con el objeto de fiscalizar la legalidad de su actuación;

b) Controlar la ejecución financiera y presupuestaria municipal;

Ley 20742
Art. 1 Nº 3 a)
D.O. 01.04.2014

c) Representar al alcalde los actos municipales que estime ilegales, informando de ello al concejo, para cuyo objeto tendrá acceso a toda la información disponible. Dicha representación deberá efectuarse dentro de los diez días siguientes a aquel en que la unidad de control haya tomado conocimiento de los actos. Si el alcalde no tomare medidas administrativas con el objeto de enmendar el acto representado, la unidad de control deberá remitir dicha información a la Contraloría General de la República;

d) Colaborar directamente con el concejo para el ejercicio de sus funciones fiscalizadoras. Para estos efectos, emitirá un informe trimestral acerca del estado de avance del ejercicio programático presupuestario; asimismo, deberá informar, también trimestralmente, sobre el estado de cumplimiento de los pagos por concepto de cotizaciones previsionales de los funcionarios municipales y de los trabajadores que se desempeñan en servicios incorporados a la gestión municipal, administrados directamente por la municipalidad o a través de corporaciones municipales, de los aportes que la municipalidad debe efectuar al Fondo Común Municipal, y del estado de cumplimiento de los pagos por concepto de asignaciones de perfeccionamiento docente. En todo caso, deberá dar respuesta por escrito a las consultas o peticiones de informes que le formule un concejal;

LEY Nº 19.926
ART. 5º
D.O. 31.12.2003

Ley 20742
Art. 1 Nº 3 b), c)
D.O. 01.04.2014

e) Asesorar al concejo en la definición y evaluación de la auditoría externa que aquél puede requerir en virtud de esta ley; y

f) Realizar, con la periodicidad que determine el reglamento señalado en el artículo 92, una presentación en sesión de comisión del concejo, destinada a que sus miembros puedan formular consultas referidas al cumplimiento de las funciones que le competen.

Ley 20742
Art. 1 Nº 3 d)
D.O. 01.04.2014

La jefatura de esta unidad se proveerá mediante concurso de oposición y antecedentes y no podrá estar vacante por más de seis meses consecutivos. Las bases del concurso y el nombramiento del funcionario que desempeñe esta jefatura requerirán de la aprobación del concejo. A dicho cargo podrán postular personas que estén en posesión de un título profesional o técnico acorde con la función.

LEY 20.033
ART. 5° N° 4
D.O. 01.07.2005

El jefe de esta unidad sólo podrá ser removido en virtud de las causales de cese de funciones aplicables a los funcionarios municipales, previa instrucción del respectivo sumario. En el caso de incumplimiento de sus funciones, y especialmente la obligación señalada en el inciso primero del artículo 81, el sumario será instruido por la Contraloría General de la República, a solicitud del concejo.

LEY 20237
Art. 2° N° 3
D.O. 24.12.2007

Artículo 30.- Existirá un administrador municipal en todas aquellas comunas donde lo decida el concejo a proposición del alcalde. Para desempeñar este cargo se requerirá estar en posesión de un título profesional.

D.F.L 1-19.704
ART. 30
D.O. 03.05.2002

Será designado por el alcalde y podrá ser removido por éste o por acuerdo de los dos tercios de los concejales en ejercicio, sin perjuicio que rijan además a su respecto las causales de cesación de funciones aplicables al personal municipal.

El administrador municipal será el colaborador directo del alcalde en las tareas de coordinación y gestión permanente del municipio, y en la elaboración y seguimiento del plan anual de acción municipal y ejercerá las atribuciones que señale el reglamento municipal y las que le delegue el alcalde, siempre que estén vinculadas con la naturaleza de su cargo.

En los municipios donde no esté provisto el cargo de administrador municipal, sus funciones serán asumidas por la dirección o jefatura que determine el alcalde.

El cargo de administrador municipal será incompatible con todo otro empleo, función o comisión en la Administración del Estado.

Artículo 31.- La organización interna de la municipalidad, así como las funciones específicas que se asignen a las unidades respectivas, su coordinación o subdivisión, deberán ser reguladas mediante un reglamento municipal dictado por el alcalde, con acuerdo del concejo conforme lo dispone la letra k) del artículo 65.

D.F.L 1-19.704
ART. 31
D.O. 03.05.2002

Asimismo, en este reglamento, las municipalidades podrán crear unidades que estimen necesarias para su funcionamiento, pudiendo asignarle funciones de las unidades designadas en los artículos 21, 22, 23, 25 y 27 de esta ley, las cuales, en dicho caso, no serán ejercidas por aquellas mientras sean asignadas a la nueva unidad.

Ley 20922
Art. 4 N° 4
D.O. 25.05.2016

Para la creación de dichas unidades será necesario contar con el debido financiamiento municipal y con un informe fundado que justifique su necesidad y acredite su debido financiamiento, elaborado por las unidades de Administración Municipal, la Dirección de Administración y Finanzas y la Secretaría Comunal de Planificación. En este caso, el reglamento deberá ser aprobado por los dos tercios de los concejales en ejercicio, debiendo mediar un plazo de, a lo menos, quince días hábiles entre el conocimiento de éste y su aprobación.

La destinación de un funcionario a una nueva unidad deberá considerar su experiencia laboral, su formación técnica y profesional en relación a la nueva unidad, y no podrá significar detrimento en su grado ni en sus remuneraciones.

Párrafo 5º Régimen de bienes

Artículo 32.- Los bienes municipales destinados al funcionamiento de sus servicios y los dineros depositados a plazo o en cuenta corriente, serán inembargables.

D.F.L 1-19.704
ART. 32
D.O. 03.05.2002

La ejecución de toda sentencia que condene a una municipalidad se efectuará mediante la dictación de un decreto alcaldicio. Con todo, tratándose de resoluciones recaídas en juicios que ordenen el pago de deudas por parte de una municipalidad o corporación municipal, y correspondiere aplicar la medida de arresto prevista en el artículo 238 del Código de Procedimiento Civil, ésta sólo procederá respecto del alcalde en cuyo ejercicio se hubiere contraído la deuda que dio origen al juicio.

LEY 19.845
ART. ÚNICO
D.O. 14.12.2002

Artículo 33.- La adquisición del dominio de los bienes raíces se sujetará a las normas del derecho común.

D.F.L 1-19.704
ART. 33
D.O. 03.05.2002

Sin embargo, para los efectos de dar cumplimiento a las normas del plan regulador comunal, las municipalidades estarán facultadas para adquirir bienes raíces por expropiación, los que se declaran de utilidad pública. Asimismo, declárase de utilidad pública los inmuebles destinados a vías locales y de servicios y a plazas que hayan sido definidos como tales por el Concejo Municipal a propuesta del alcalde, siempre que se haya efectuado la provisión de fondos necesarios para proceder a su inmediata expropiación.

LEY 19.939
ART. 2º
D.O. 13.02.2004

Artículo 34.- Los bienes inmuebles municipales sólo podrán ser enajenados, gravados o arrendados en caso de necesidad o utilidad manifiesta.

D.F.L 1-19.704
ART. 34
D.O. 03.05.2002

El procedimiento que se seguirá para la enajenación será el remate o la licitación públicos. El valor mínimo para el remate o licitación será el avalúo fiscal, el cual sólo podrá ser rebajado con acuerdo del concejo.

Artículo 35.- La disposición de los bienes muebles dados de baja se efectuará mediante remate público. No obstante, en casos calificados, las municipalidades podrán donar tales bienes a instituciones públicas o privadas de la comuna que no persigan fines de lucro.

D.F.L 1-19.704
ART. 35
D.O. 03.05.2002

Artículo 36.- Los bienes municipales o nacionales de uso público, incluido su subsuelo, que administre la municipalidad, podrán ser objeto de concesiones y permisos.

D.F.L 1-19.704
ART. 36
D.O. 03.05.2002

Los permisos serán esencialmente precarios y podrán ser modificados o dejados sin efecto, sin derecho a indemnización.

Las concesiones darán derecho al uso preferente del bien concedido en las condiciones que fije la municipalidad. Sin embargo, ésta podrá darles término en cualquier momento, cuando sobrevenga un menoscabo o detrimento grave al uso común o cuando concurran otras razones de interés público.

El concesionario tendrá derecho a indemnización en caso de término anticipado de la concesión, salvo que éste se haya producido por incumplimiento de las obligaciones de aquél.

Artículo 37.- Las concesiones para construir y explotar el subsuelo se otorgarán previa licitación pública y serán transferibles, asumiendo el adquirente todos los derechos y obligaciones que deriven del contrato de concesión.

D.F.L 1-19.704
ART. 37
D.O. 03.05.2002

La transferencia deberá ser aprobada por la municipalidad respectiva en los términos consignados en la letra j) del artículo 65 de esta ley, dentro de los 30 días siguientes a la recepción de la solicitud. Transcurrido dicho plazo sin que la municipalidad se pronuncie, la transferencia se considerará aprobada, hecho que certificará el secretario municipal.

El adquirente deberá reunir todos los requisitos y condiciones exigidos al primer concesionario, circunstancia que será calificada por la municipalidad al examinar la aprobación a que se refiere el inciso anterior.

La municipalidad sólo podrá rechazar la transferencia por no concurrir en el adquirente los citados requisitos y condiciones.

Las aguas, sustancias minerales, materiales u objetos que aparecieren como consecuencia de la ejecución de las obras, no se entenderán incluidos en la concesión, y su utilización por el concesionario se regirá por las normas que les sean aplicables.

En forma previa a la iniciación de las obras el concesionario deberá someter el proyecto al sistema de evaluación de impacto ambiental, regulado en la Ley Nº 19.300, sobre Bases del Medio Ambiente.

El concesionario podrá dar en garantía la concesión y sus bienes propios destinados a la explotación de ésta.

Los Conservadores de Bienes Raíces llevarán un registro especial en que se inscribirán y anotarán estas concesiones, sus transferencias y las garantías a que se refiere el inciso anterior.

La concesión sólo se extinguirá por las siguientes causales:

1.- Cumplimiento del plazo por el que se otorgó;

2.- Incumplimiento grave de las obligaciones impuestas al concesionario, y

3.- Mutuo acuerdo entre la municipalidad y el concesionario.

Artículo 38.- Las personas que contraigan obligaciones contractuales con la municipalidad por una suma no inferior a dos unidades tributarias mensuales, deberán rendir caución.

D.F.L 1-19.704
ART. 38
D.O. 03.05.2002

Artículo 39.- El alcalde tendrá derecho al uso de vehículo municipal para el desempeño de las actividades propias de su cargo, sin que sean aplicables a su respecto las restricciones que establecen las normas vigentes en cuanto a su circulación y a la obligación de llevar disco distintivo.

D.F.L 1-19.704
ART. 39
D.O. 03.05.2002

Párrafo 6° Personal

Artículo 40.- El Estatuto Administrativo de los Funcionarios Municipales regulará la carrera funcionaria y considerará especialmente el ingreso, los deberes y derechos, la responsabilidad administrativa y la cesación de funciones, en conformidad con las bases que se establecen en los artículos siguientes.

D.F.L 1-19.704
ART. 40
D.O. 03.05.2002

Para los efectos anteriores, se entenderá que son funcionarios municipales el alcalde, las demás personas que integren la planta de personal de las municipalidades y los personales a contrata que se consideren en la dotación de las mismas, fijadas anualmente en el presupuesto municipal.

No obstante, al alcalde sólo le serán aplicables las normas relativas a los deberes y derechos y la responsabilidad administrativa. Asimismo, al alcalde y a los concejales les serán aplicables las normas sobre probidad administrativa establecidas en la Ley N° 18.575.

Artículo 41.- El ingreso en calidad de titular se hará por concurso público y la selección de los postulantes se efectuará mediante procedimientos técnicos, imparciales e idóneos que aseguren una apreciación objetiva de sus aptitudes y méritos.

D.F.L 1-19.704
ART. 41
D.O. 03.05.2002

Artículo 42.- El personal estará sometido a un sistema de carrera que proteja la dignidad de la función municipal y que guarde conformidad con su carácter técnico, profesional y jerarquizado. Le serán aplicables las normas sobre probidad administrativa establecidas por el título III de la Ley N° 18.575, para el personal de la Administración Pública.

D.F.L 1-19.704
ART. 42
D.O. 03.05.2002

La carrera funcionaria se fundará en el mérito, la antigüedad y la idoneidad de los funcionarios de planta, para cuyo efecto existirán procesos de calificación objetivos e imparciales.

Las promociones podrán efectuarse, según lo disponga el estatuto, mediante ascenso en el respectivo escalafón o, excepcionalmente, por concurso, aplicándose en este último caso las reglas previstas en el artículo anterior.

Artículo 43.- El personal gozará de estabilidad en el empleo y sólo podrá cesar en él por renuncia voluntaria debidamente aceptada; por jubilación, o por otra causal legal basada en su desempeño deficiente, en el incumplimiento de sus obligaciones, en la pérdida de requisitos para ejercer la función, en el término del período legal o en la supresión del empleo. Lo anterior es sin perjuicio de lo establecido en el artículo 47.

D.F.L 1-19.704
ART. 43
D.O. 03.05.2002

El desempeño deficiente y el incumplimiento de obligaciones deberá acreditarse en las calificaciones correspondientes o mediante investigación o sumario administrativo.

Los funcionarios municipales sólo podrán ser destinados a funciones propias del empleo para el cual han sido designados.

Los funcionarios municipales podrán ser designados en comisiones de servicio para el desempeño de funciones ajenas al cargo, en la misma municipalidad. Las comisiones de servicio serán esencialmente transitorias y no podrán significar el desempeño de funciones de inferior jerarquía a las del cargo, o ajenas a los conocimientos que éste requiere o a la municipalidad.

Artículo 44.- Dos o más municipalidades podrán convenir que un mismo funcionario ejerza, simultáneamente, labores análogas en todas ellas. El referido convenio requerirá el acuerdo de los respectivos concejos y la conformidad del funcionario.

D.F.L 1-19.704
ART. 44
D.O. 03.05.2002

El Estatuto Administrativo de los Funcionarios Municipales regulará la situación prevista en el inciso anterior.

Artículo 45.- Para los efectos de la calificación del desempeño de los funcionarios municipales, se establecerá un procedimiento de carácter general, que asegure su objetividad e imparcialidad. Además, se llevará una hoja de vida por cada funcionario, en la cual se anotarán sus méritos y deficiencias.

D.F.L 1-19.704
ART. 45
D.O. 03.05.2002

La calificación se considerará para el ascenso, cesación en el empleo y para los estímulos al funcionario, en la forma que establezca la ley.

Artículo 46.- La capacitación y el perfeccionamiento en el desempeño de la función municipal se realizarán mediante un sistema que propenda a estos fines a través de programas.

D.F.L 1-19.704
ART. 46
D.O. 03.05.2002

Estas actividades podrán llevarse a cabo mediante convenios con instituciones públicas o privadas.

La ley podrá exigir como requisito de promoción o ascenso el haber cumplido determinadas actividades de capacitación o perfeccionamiento. La destinación a los cursos de capacitación y perfeccionamiento se efectuará por orden de escalafón o por concurso, según lo determine la ley.

Podrán otorgarse becas a los funcionarios municipales para seguir cursos relacionados con su capacitación y perfeccionamiento.

La Ley 21040, Art. 69, N° 3, D.O. 24.11.2017 modificó este Artículo, lo que depende del siguiente evento para que entre en vigencia: Las modificaciones introducidas a la presente norma por el Título VI de la ley 21.040 entrarán en vigencia desde la fecha del traspaso del servicio educacional al Servicio Local respectivo.

Artículo 47.- Tendrán la calidad de funcionarios de exclusiva confianza del alcalde, las personas que sean designadas como titulares en los cargos de secretario comunal de planificación, y en aquellos que impliquen dirigir las unidades de asesoría jurídica, de salud y educación y demás incorporados a su gestión, y de desarrollo comunitario.

D.F.L 1-19.704
ART. 47
D.O. 03.05.2002

Artículo 48.- En el sistema legal de remuneración de las municipalidades se procurará aplicar el principio de que a funciones análogas, que importen responsabilidades semejantes y se ejerzan en condiciones similares, se les asignen iguales retribuciones y demás beneficios económicos.

D.F.L 1-19.704
ART. 48
D.O. 03.05.2002

Artículo 49.- La municipalidad velará permanentemente por la carrera funcionaria y el cumplimiento de las normas y principios de carácter técnico y profesional establecidos en este párrafo, y asegurará tanto la igualdad de oportunidades de ingreso a ella como la capacitación y el perfeccionamiento de sus integrantes.

D.F.L 1-19.704
ART. 49
D.O. 03.05.2002

Artículo 49 bis.- Los alcaldes, a través de un reglamento municipal, podrán fijar o modificar las plantas del personal de las municipalidades, estableciendo el número de cargos para cada planta y fijar sus grados, de conformidad al Título II del decreto ley N° 3.551, del Ministerio de Hacienda, promulgado el año 1980 y publicado el año 1981.

Ley 20922
Art. 4 N° 5
D.O. 25.05.2016

Sin perjuicio de lo dispuesto en el artículo 53, el reglamento que se dicte ejerciendo la potestad reconocida en el inciso anterior estará sometido al trámite de toma de razón ante la Contraloría General de la República y se publicará en el Diario Oficial.

Para el ejercicio de esta facultad se deberán considerar los siguientes límites y requisitos:

1. El límite de gasto en personal vigente a la fecha del reglamento respectivo.

2. La disponibilidad presupuestaria. El cálculo de la disponibilidad presupuestaria y su proyección deberán considerar los ingresos propios y el gasto en personal de los tres años precedentes al proceso de fijación o modificación de las plantas; todo lo cual deberá ser certificado previamente por los jefes de las unidades de administración y finanzas y control de la municipalidad respectiva.

3. Disponer de escalafón de mérito del personal actualizado, conforme a lo dispuesto en los artículos 49 y 50 de la ley N° 18.883.

4. En caso que se incremente el número total de cargos en la planta de personal, a lo menos un 75% (setenta y cinco por ciento) de los nuevos cargos que se creen deberán requerir título profesional o técnico.

5. Los alcaldes deberán consultar a las asociaciones de funcionarios regidos por la ley N° 18.883 existentes en la respectiva municipalidad, en el proceso de elaboración de la planta de personal. Para tal efecto, se deberá constituir un comité bipartito, integrado paritariamente por representantes del alcalde y de las asociaciones de funcionarios existentes en la municipalidad.

Su opinión deberá ser presentada al concejo municipal en ejercicio con anterioridad a la readecuación de la planta y no será vinculante.

En las municipalidades donde no existan asociaciones de funcionarios, o éstas no se encuentren vigentes, representarán a los funcionarios aquellos que sean elegidos en votación secreta efectuada para tal efecto, debiendo representar a distintos estamentos.

6. Los alcaldes deberán presentar la propuesta de planta de personal y del reglamento que la contenga al concejo municipal, la que deberá ser aprobada por los dos tercios de sus integrantes en ejercicio.

7. El concejo municipal no podrá aumentar el número de cargos ni modificar los grados que contenga la proposición y sólo podrá reducir o rechazar la proposición de planta.

8. La municipalidad deberá remitir copia del reglamento que determine la planta respectiva y sus antecedentes a la Subsecretaría de Desarrollo Regional y Administrativo, dentro de los sesenta días posteriores a su dictación.

9. Lo dispuesto en el inciso quinto del artículo 5° de la ley N° 15.231, en el artículo 7° de la ley N° 19.602 y en el artículo 16 de esta ley, en lo atingente a la posición de los cargos que allí se indican.

En caso que la fijación de la nueva planta haya considerado una proyección de ingresos y gastos para la municipalidad determinada con negligencia inexcusable, se entenderá que se configurará causal de notable abandono de deberes, tanto de parte del alcalde como del o de los concejales que hayan participado de tal decisión. Para dichos efectos se procederá según lo dispuesto en la letra c) del artículo 60, en la letra f) del artículo 76 y en el artículo 77.

El o los concejales que hubieren votado por rechazar la propuesta de planta podrán recurrir al Tribunal Electoral Regional para solicitar que declare el notable abandono de deberes, según lo dispuesto en el inciso anterior, dentro del plazo de treinta días hábiles contado desde la aprobación de la planta por parte del concejo municipal. Con todo, el alcalde deberá remitir a la Contraloría General de la República el reglamento a que se refiere el inciso primero de este artículo, una vez transcurrido el plazo precedentemente señalado, sin que se haya interpuesto la acción que establece el inciso anterior o una vez que el Tribunal Electoral Regional haya rechazado la acción. Lo dispuesto en este inciso será certificado por el Secretario del Tribunal Electoral Regional.

Artículo 49 ter.- Para los procesos de encasillamiento del personal que se originen en la fijación o modificación de plantas de personal de conformidad al procedimiento dispuesto en el artículo precedente, se seguirán las normas siguientes:

a) Los funcionarios de las plantas de directivos, profesionales, jefaturas, técnicos, administrativos y auxiliares se encasillarán en cargos de igual grado al que tenían a la fecha del encasillamiento, manteniendo el orden del escalafón de mérito. Si en las nuevas plantas no existieren los grados que tenían los funcionarios, por haber variado los grados de ingreso a ellas, éstos se encasillarán en el último grado que se consulte en la nueva planta.

En el ejercicio de esta facultad, los alcaldes podrán encasillar de acuerdo al escalafón de mérito, a los funcionarios titulares en una planta distinta a la que éstos pertenecen en la medida que hayan quedado vacantes luego de la provisión indicada en el párrafo anterior, siempre que se cumplan los requisitos propios del cargo y, además, los siguientes:

i.- Que el funcionario, a lo menos tres años antes, esté realizando las funciones propias del estamento de la planta en que se encasilla.

ii.- Que el funcionario acepte previamente, por escrito, el traspaso.

b) Una vez encasillado el personal de la letra a) precedente en los cargos que queden vacantes, se encasillará a los funcionarios a contrata asimilados a las referidas plantas, que se encuentren en servicio al 31 de diciembre del año anterior al del inicio del plazo para ejercer la facultad de dictación del reglamento que fija o modifica la planta de personal.

Los funcionarios a contrata señalados en el párrafo anterior sólo podrán ser encasillados siempre que tengan, a lo menos, cinco años de servicios continuos en la respectiva municipalidad anteriores al encasillamiento, cumplan con los requisitos generales y específicos del cargo correspondiente, y se encuentren calificados en lista N° 1, de distinción, o lista N° 2, buena.

El nombramiento deberá realizarse en un cargo vacante que corresponda a la misma planta y grado al cual se encontraban asimilados. Con todo, aquellos funcionarios que hubieren experimentado mejoramiento de grado remuneratorio en los últimos treinta y seis meses anteriores al encasillamiento sólo podrán ser encasillados en el grado que tenían con anterioridad a dicho mejoramiento.

En caso que existan más funcionarios a contrata que cargos vacantes, la provisión de éstos se efectuará, en primer término, de acuerdo al resultado de la última calificación obtenida y, en caso de empate, conforme a la antigüedad de servicio en la respectiva municipalidad y, en el evento de mantenerse la igualdad, decidirá el alcalde.

c) Una vez practicado el procedimiento anterior, los cargos que queden vacantes se proveerán con los funcionarios señalados en la letra a) anterior, de acuerdo a los artículos 51, 52, 53 y 54 de la ley N° 18.883. Si después de este procedimiento quedaren aún cargos vacantes, éstos se proveerán en conformidad a lo estatuido en el Párrafo I del Título II de la citada ley.

d) Lo dispuesto en este artículo quedará sujeto a las siguientes restricciones, respecto del personal al que afecte:

i.- El encasillamiento no podrá tener como consecuencia, ni podrá ser considerado como causal de término de servicios, cesación de funciones o término de la relación laboral del personal.

ii.- No podrá significar pérdida del empleo, disminución de sus remuneraciones, excepto en el caso contemplado en el párrafo tercero del literal b), ni modificación de derechos previsionales.

iii.- Cualquier diferencia de remuneraciones deberá ser pagada por planilla suplementaria, la que se absorberá por los futuros mejoramientos de remuneraciones que correspondan a los funcionarios, excepto los derivados de reajustes generales que se otorguen a los trabajadores del sector público. Dicha planilla mantendrá la misma imponibilidad que aquella de las remuneraciones que compensa. Además, a la planilla suplementaria se le aplicará el reajuste general antes indicado.

iv.- Los funcionarios encasillados conservarán la asignación de antigüedad que tengan reconocida, como también el tiempo computable para dicho reconocimiento.

Artículo 49 quáter.- La facultad conferida en el artículo 49 bis podrá ejercerse cada ocho años, y dentro de los dos años siguientes a contar del cumplimiento de dicho período, siempre que se cumplan los requisitos y límites que establece esta ley.

Ley 20922
Art. 4 N° 5
D.O. 25.05.2016

En caso de corresponder hacer uso de la citada facultad en un año en el que se realicen elecciones municipales, dicho derecho podrá ejercerse sólo durante el año siguiente a éstas.

NOTA

El reglamento municipal que modifique o fije la nueva planta entrará en vigencia el 1 de enero del año siguiente al de su publicación en el Diario Oficial.

NOTA 1

La facultad establecida en el artículo 49 ter deberá ejercerse dentro de los ciento ochenta días siguientes a la entrada en vigencia del reglamento municipal que modifique o fije la planta respectiva. En el caso que procediere la realización de concursos públicos, éstos deberán efectuarse en el plazo de un año contado desde la citada fecha.

NOTA

El artículo único de la Ley 21143, publicada el 27.02.2019, dispone que los reglamentos que fijan las plantas de personal de los municipios, ingresados para su toma de razón a la Contraloría General de la República durante el año 2018, publicados entre el 1 de enero del año 2019 y la fecha de publicación de la citada ley, entrarán en vigencia a partir del 27 de febrero de 2019.

NOTA 1

El artículo 2 de la Ley 21493, publicada el 04.10.2022, dispone que los reglamentos que fijan las plantas de personal de los municipios, ingresados para su toma de razón a la Contraloría General de la República durante el año 2019, y hasta la publicación de esta ley, y que fueron publicados entre el 1 de enero del año 2022 y la fecha de publicación de esta ley, entrarán en vigencia a partir de esta última.

Artículo 49 quinquies.- Para todos los efectos legales, la participación de los funcionarios municipales en la determinación de la planta municipal no se entenderá como una vulneración al número 6 del artículo 62 de la ley N° 18.575 y al número 1 del artículo 12 de la ley N° 19.880.

Ley 20922
Art. 4 Nº 5
D.O. 25.05.2016

Párrafo 7º Fiscalización

Artículo 50.- Las municipalidades se regirán por las normas sobre administración financiera del Estado.

D.F.L 1-19.704
ART. 50
D.O. 03.05.2002

Artículo 51.- Las municipalidades serán fiscalizadas por la Contraloría General de la República, de acuerdo con su ley orgánica constitucional, sin perjuicio de las facultades generales de fiscalización interna que correspondan al alcalde, al concejo y a las unidades municipales dentro del ámbito de su competencia.

D.F.L 1-19.704
ART. 51
D.O. 03.05.2002

Si en el ejercicio de tales facultades la Contraloría General de la República determina la existencia de actos u omisiones de carácter ilegal podrá instruir el correspondiente procedimiento disciplinario, según lo dispuesto en el artículo 133 bis y siguientes de la ley Nº 10.336, de Organización y Atribuciones de la Contraloría General de la República.

Ley 20742
Art. 1 Nº 4
D.O. 01.04.2014

Si como consecuencia de la investigación practicada, la que deberá respetar las reglas del debido proceso, dicho órgano considerase que se encuentra acreditada la responsabilidad administrativa del alcalde, deberá remitir los antecedentes al concejo municipal, para efectos de lo dispuesto en la letra c) del artículo 60.

Artículo 51 bis.- El plazo para hacer efectiva la responsabilidad de los alcaldes y concejales, por acciones u omisiones que afecten la probidad administrativa o que impliquen un notable abandono de deberes, se contará desde la fecha de la correspondiente acción u omisión.

Ley 20742
Art. 1 Nº 5
D.O. 01.04.2014

Con todo, podrá incoarse dicho procedimiento, dentro de los seis meses posteriores al término de su período edilicio, en contra del alcalde o concejal que ya hubiere cesado en su cargo, para el solo efecto de aplicar la causal de inhabilidad dispuesta en el inciso octavo del artículo 60 y en el inciso segundo del artículo 77.

Artículo 52.- En el ejercicio de sus funciones de control de la legalidad, la Contraloría General de la República podrá emitir dictámenes jurídicos sobre todas las materias sujetas a su control.

D.F.L 1-19.704
ART. 52
D.O. 03.05.2002

Artículo 53.- Las resoluciones que dicten las municipalidades estarán exentas del trámite de toma de razón, pero deberán registrarse en la Contraloría General de la República cuando afecten a funcionarios municipales.

D.F.L 1-19.704
ART. 53
D.O. 03.05.2002

Para tal objeto, la Contraloría deberá llevar un registro del personal municipal en la forma y condiciones en que lo hace para el resto del sector público, debiendo las municipalidades remitir los antecedentes que aquélla solicite.

Artículo 54.- La Contraloría General de la República podrá constituir en cuentadante y hacer efectiva la responsabilidad consiguiente, a cualquier funcionario municipal que haya causado un detrimento al patrimonio municipal.

D.F.L 1-19.704
ART. 54
D.O. 03.05.2002

Para los efectos de determinar la responsabilidad de los funcionarios municipales, la Contraloría podrá fijar, según el grado de intervención que les haya cabido en el hecho, la proporción en que deban concurrir al pago de las obligaciones o aplicar las normas relativas a la responsabilidad solidaria.

Artículo 55.- Los informes que emita la Contraloría serán puestos en conocimiento del respectivo concejo.

D.F.L 1-19.704
ART. 55
D.O. 03.05.2002

Serán también puestos en conocimiento del concejo, con la periodicidad que determine el reglamento establecido en el artículo 92, la nómina de todas aquellas solicitudes de información pública recibidas, así como las respectivas respuestas entregadas por la municipalidad, que se realicen en el marco de lo dispuesto por la ley N° 20.285, sobre Acceso a la Información Pública.

La Ley 21040, Art. 69, N° 3, D.O. 24.11.2017 modificó este Artículo, lo que depende del siguiente evento para que entre en vigencia: Las modificaciones introducidas a la presente norma por el Título VI de la ley 21.040 entrarán en vigencia desde la fecha del traspaso del servicio educacional al Servicio Local respectivo.

TÍTULO II
DEL ALCALDE

Párrafo 1° Disposiciones generales

Artículo 56.- El alcalde es la máxima autoridad de la municipalidad y en tal calidad le corresponderá su dirección y administración superior y la supervigilancia de su funcionamiento.

D.F.L 1-19.704
ART. 56
D.O. 03.05.2002

En la condición antedicha, el alcalde deberá presentar, oportunamente y en forma fundada, a la aprobación del concejo, el plan comunal de desarrollo, el plan comunal de seguridad pública, el presupuesto municipal, el plan regulador, las políticas de la unidad de servicios de salud y educación y demás incorporados a su gestión, y las políticas y normas generales sobre licitaciones, adquisiciones, concesiones y permisos. Además, deberá presentar para aprobación del concejo la política de recursos humanos, la cual deberá contemplar, a lo menos, los mecanismos de reclutamiento y selección; promoción y capacitación, y egreso. En este proceso los alcaldes podrán considerar la opinión de un comité bipartito conformado en los términos del número 5 del artículo 49 bis. Dicha política podrá incluir también diversos planes piloto relacionados con el recurso humano, a fin de permitir un mejor desempeño laboral.

Ley 20965
Art. 1 Nº 5
D.O. 04.11.2016

Ley 20922
Art. 4 Nº 6
D.O. 25.05.2016

Artículo 57.- El alcalde será elegido por sufragio universal, en votación conjunta y cédula separada de la de concejales, en conformidad con lo establecido en esta ley. Su mandato durará cuatro años y podrá ser reelegido.

D.F.L 1-19.704
ART. 57
D.O. 03.05.2002

LEY Nº 19.958
ART. ÚNICO
Nº 1
D.O. 17.07.2004

Para ser candidato a alcalde se deberá acreditar haber cursado la enseñanza media o su equivalente y cumplir con los demás requisitos señalados en el artículo 73 de la presente ley.

Artículo 58.- El alcalde asumirá sus funciones de acuerdo a lo previsto en el artículo 83.

D.F.L 1-19.704
ART. 58
D.O. 03.05.2002

El alcalde que sea reelegido será responsable por las acciones y omisiones imputables del período alcaldicio inmediatamente precedente, que afecten la probidad administrativa o impliquen un notable abandono de deberes, sin perjuicio de que se aplique, a su respecto, lo previsto en el artículo 51 bis.

Ley 20742
Art. 1 Nº 7
D.O. 01.04.2014

Artículo 59.- El cargo de alcalde será incompatible con el ejercicio de cualquier otro empleo o función pública retribuido con fondos estatales, con excepción de los empleos o funciones docentes de educación básica, media o superior, hasta el límite de doce horas semanales.

D.F.L 1-19.704
ART. 59
D.O. 03.05.2002

Los funcionarios regidos por la Ley N° 18.834, sobre Estatuto Administrativo, los funcionarios regidos por la Ley N° 18.883, sobre Estatuto Administrativo de los Funcionarios Municipales y los profesionales de la educación regidos por la Ley N° 19.070, sobre Estatuto Docente, así como el personal no docente de la educación municipal y el regido por la Ley N° 19.378, que fueren elegidos alcaldes en conformidad con las disposiciones de esta ley, tendrán derecho a que se les conceda permiso sin goce de remuneraciones respecto de los cargos que estuvieren sirviendo en calidad de titulares, por todo el tiempo que comprenda su desempeño alcaldicio. Lo dispuesto en este inciso no será aplicable a las personas que se desempeñen en cargos de exclusiva confianza.

Incurrirán en inhabilidad sobreviniente, para desempeñar el cargo de alcalde, las personas que, por sí o como representantes de otra persona natural o jurídica, celebren contratos u otorguen cauciones en favor de la municipalidad respectiva o tengan litigios pendientes con ésta, en calidad de demandantes, durante el desempeño de su mandato.

Artículo 60.- El alcalde cesará en su cargo en los siguientes casos:

D.F.L 1-19.704
ART. 60
D.O. 03.05.2002

a) Pérdida de la calidad de ciudadano;

b) Inhabilidad o incompatibilidad sobreviniente;

c) Remoción por impedimento grave, por contravención de igual carácter a las normas sobre probidad administrativa, o notable abandono de sus deberes; y

d) Renuncia por motivos justificados, aceptada por los dos tercios de los miembros en ejercicio del concejo. Con todo, la renuncia que fuere motivada por la postulación a otro cargo de elección popular no requerirá de acuerdo alguno.

La causal establecida en la letra a) será declarada por el tribunal electoral regional respectivo, una vez verificada la existencia de alguna de las circunstancias que contempla el artículo 17 de la Constitución Política de la República. Se otorgará acción pública para sustanciar este procedimiento.

Ley 20742
Art. 1 N° 8 a)
D.O. 01.04.2014

La causal establecida en la letra b) será declarada por el mismo tribunal, a requerimiento de a lo menos dos concejales de la correspondiente municipalidad. El alcalde que estime estar afectado por alguna causal de inhabilidad deberá darla a conocer al concejo tan pronto tenga conocimiento de su existencia.

La causal establecida en la letra c) será declarada por el tribunal electoral regional respectivo, a requerimiento de, a lo menos, un tercio de los concejales en ejercicio, observándose el procedimiento establecido en los artículos 17 y siguientes de la ley N° 18.593, de los Tribunales Electorales Regionales, para lo cual no se requerirá patrocinio de abogado.

En el requerimiento, los concejales podrán pedir al tribunal electoral regional respectivo la cesación en el cargo o, en subsidio, la aplicación de alguna de las medidas disciplinarias dispuestas en las letras a), b) y c) del artículo 120 de la ley N° 18.883, que aprueba el Estatuto Administrativo para Funcionarios Municipales.

El tribunal electoral regional competente adoptará las medidas necesarias para acumular los respectivos antecedentes, a fin de evitar un doble pronunciamiento sobre una misma materia.

El mismo procedimiento descrito en los incisos anteriores se utilizará cuando el Tribunal Electoral Regional estime que uno o más concejales han incurrido en una contravención grave de las normas sobre probidad administrativa o en notable abandono de deberes, lo cual se entiende sin perjuicio de lo dispuesto en el artículo 77 de esta ley.

Con todo, la cesación en el cargo de alcalde, tratándose de las causales contempladas en las letras a), b) y c), operará sólo una vez ejecutoriada la resolución que declare su existencia. Sin perjuicio de ello, en el caso de notable abandono de deberes o contravención grave a las normas sobre probidad administrativa, el alcalde quedará suspendido en el cargo tan pronto le sea notificada la sentencia de primera instancia que acoja el requerimiento. En tal caso se aplicará lo dispuesto en el inciso tercero del artículo 62. En el evento de quedar a firme dicha resolución, el afectado estará inhabilitado para ejercer cualquier cargo público por el término de cinco años.

Sin perjuicio de lo establecido en el artículo 51, se considerará que existe notable abandono de deberes cuando el alcalde o concejal transgrediere, inexcusablemente y de manera manifiesta o reiterada, las obligaciones que le imponen la Constitución y las demás normas que regulan el funcionamiento municipal; así como en aquellos casos en que una acción u omisión, que le sea imputable, cause grave detrimento al patrimonio de la municipalidad y afecte gravemente la actividad municipal destinada a dar satisfacción a las necesidades básicas de la comunidad local. Se entenderá, asimismo, que se configura un notable abandono de deberes cuando el alcalde, en forma reiterada, no pague íntegra y oportunamente las cotizaciones previsionales correspondientes a sus funcionarios o a trabajadores de los servicios traspasados en virtud de lo dispuesto en el decreto con fuerza de ley Nº 1-3.063, de 1979, del Ministerio del Interior, y de aquellos servicios incorporados a la gestión municipal. El alcalde siempre deberá velar por el cabal y oportuno pago de las cotizaciones previsionales de los funcionarios y trabajadores señalados precedentemente, y trimestralmente deberá rendir cuenta al concejo municipal del estado en que se encuentra el cumplimiento de dicha obligación.

Ley 20742
Art. 1 Nº 8 b)
D.O. 01.04.2014

Con todo, cuando un alcalde pagare deudas previsionales originadas en un período alcaldicio anterior en el que no haya ejercido funciones como titular de ese cargo, él y los demás funcionarios que intervinieren en el pago estarán exentos de responsabilidad civil por las multas e intereses que dichas deudas hubieren ocasionado.

Artículo 61.- El alcalde o concejal cuyo derecho a sufragio se suspenda por alguna de las causales previstas en el artículo 16 de la Constitución Política de la República, se entenderá temporalmente incapacitado para el desempeño de su cargo, debiendo ser reemplazado, mientras dure su incapacidad, de conformidad a lo establecido en los artículos 62 y 78.

D.F.L 1-19.704
ART. 61
D.O. 03.05.2002

Artículo 62.- El alcalde, en caso de ausencia o impedimento no superior a cuarenta y cinco días, será subrogado en sus funciones por el funcionario en ejercicio que le siga en orden de jerarquía dentro de la municipalidad, con exclusión del juez de policía local. Sin embargo, previa consulta al concejo, el alcalde podrá designar como subrogante a un funcionario que no corresponda a dicho orden. No obstante, si la ausencia o impedimento obedeciere a razones médicas o de salud que imposibiliten temporalmente el ejercicio del cargo, la subrogancia se extenderá hasta 130 días.

D.F.L 1-19.704
ART. 62
D.O. 03.05.2002

LEY Nº 19.852
ART. ÚNICO a)
D.O. 08.01.2003

La subrogación comprenderá, también, la representación judicial y extrajudicial de la municipalidad y el derecho a asistir a sus sesiones sólo con derecho a voz, con excepción de la representación protocolar. Mientras proceda la subrogancia, la presidencia del concejo la ejercerá el concejal presente que haya obtenido mayor votación ciudadana en la elección municipal respectiva, salvo cuando se verifique lo dispuesto en el inciso tercero del artículo 107. El concejal que presida durante la subrogancia, además, representará protocolarmente a la municipalidad, y convocará al concejo.

Ley 20742
Art. 1 Nº 9 a)
D.O. 01.04.2014

Cuando el alcalde se encuentre afecto a una incapacidad temporal superior a cuarenta y cinco días, salvo en la situación prevista en la oración final del inciso primero, el concejo designará de entre sus miembros a un alcalde suplente, en sesión especialmente convocada al efecto, de conformidad a lo dispuesto en el inciso siguiente.

LEY Nº 19.852
ART. ÚNICO b)
D.O. 08.01.2003

En caso de vacancia del cargo de alcalde, el concejo procederá a elegir un nuevo alcalde, que complete el período, de entre sus propios miembros y por mayoría absoluta de los concejales en ejercicio, en sesión especialmente convocada al efecto. De no reunir ninguno de ellos dicha mayoría, se repetirá la votación, circunscrita sólo a los dos concejales que hubieren obtenido las dos mayorías relativas. En caso de no lograrse nuevamente la mayoría absoluta en esta segunda votación, o produciéndose empate, será considerado alcalde aquél de los dos concejales que hubiere obtenido mayor número de preferencias ciudadanas en la elección municipal respectiva. El mismo mecanismo de las preferencias ciudadanas se aplicará también para resolver los empates en la determinación de las mayorías relativas en la primera votación.

LEY Nº 19.852
ART. ÚNICO c)
D.O. 08.01.2003

La elección se efectuará en una única sesión extraordinaria que se celebrará dentro de los diez días siguientes a la fecha en que se hubiere producido la vacante. El secretario municipal citará al efecto al concejo con tres días de anticipación a lo menos. El nuevo alcalde así elegido permanecerá en el cargo por el tiempo que faltare para completar el respectivo período, pudiendo ser reelegido. Mientras no sea elegido nuevo alcalde, regirá lo dispuesto en el inciso primero.

En caso que dicha sesión no pudiere realizarse en la fecha convocada, el secretario municipal citará a una nueva, la que deberá celebrarse dentro de los diez días siguientes a la fracasada, en idénticas condiciones que esta.

Ley 20742
Art. 1 Nº 9 d)
D.O. 01.04.2014

Si la segunda sesión nuevamente no pudiere realizarse, en la fecha convocada, el secretario municipal citará a una nueva, la que deberá celebrarse dentro de los diez días siguientes a la anterior. Esta nueva sesión extraordinaria, destinada a elegir alcalde, se celebrará con el o los concejales que asistan y resultará elegido alcalde aquel concejal que obtenga la mayor cantidad de votos. En caso de empate, será considerado alcalde aquel de los concejales igualados que hubiere obtenido mayor número de sufragios en la elección municipal respectiva.

Si la tercera sesión extraordinaria convocada tampoco pudiere realizarse, asumirá como alcalde aquel concejal en ejercicio que hubiere obtenido el mayor número de sufragios en la elección municipal correspondiente.

Artículo 62 bis.- En caso de nulidad del acto eleccionario de alcalde, declarada por sentencia firme o ejecutoriada por el tribunal electoral competente, las funciones correspondientes serán desempeñadas por el secretario municipal, hasta la investidura del nuevo alcalde.

LEY 20334
Art. 2º Nº 1
D.O. 04.02.2009

Párrafo 2º Atribuciones

Artículo 63.- El alcalde tendrá las siguientes atribuciones:

D.F.L 1-19.704
ART. 63
D.O. 03.05.2002

a) Representar judicial y extrajudicialmente a la municipalidad;

b) Proponer al concejo la organización interna de la municipalidad;

c) Nombrar y remover a los funcionarios de su dependencia de acuerdo con las normas estatutarias que los rijan;

d) Velar por la observancia del principio de la probidad administrativa dentro del municipio y aplicar medidas disciplinarias al personal de su dependencia, en conformidad con las normas estatutarias que lo rijan;

e) Administrar los recursos financieros de la municipalidad, de acuerdo con las normas sobre administración financiera del Estado;

f) Administrar los bienes municipales y nacionales de uso público de la comuna que correspondan en conformidad a esta ley;

g) Otorgar, renovar y poner término a permisos municipales;

h) Adquirir y enajenar bienes muebles;

i) Dictar resoluciones obligatorias de carácter general o particular;

j) Delegar el ejercicio de parte de sus atribuciones exclusivas en funcionarios de su dependencia o en los delegados que designe, salvo las contempladas en las letras c) y d) y la presidencia del consejo comunal de seguridad pública. Igualmente podrá delegar la facultad para firmar, bajo la fórmula "por orden del alcalde", sobre materias específicas;

k) Coordinar el funcionamiento de la municipalidad con los órganos de la Administración del Estado que corresponda;

Ley 20965
Art. 1 Nº 6 a)

D.O. 04.11.2016

l) Coordinar con los servicios públicos la acción de éstos en el territorio de la comuna;

Ley 20500
Art. 33 N° 2
D.O. 16.02.2011

ll) Ejecutar los actos y celebrar los contratos necesarios para el adecuado cumplimiento de las funciones de la municipalidad y de lo dispuesto en el artículo 37 de la Ley N° 18.575;

m) Convocar y presidir, con derecho a voto, el concejo; como asimismo, convocar y presidir el consejo comunal de organizaciones de la sociedad civil y el consejo comunal de seguridad pública;

Ley 20965
Art. 1 N° 6 b)
D.O. 04.11.2016

n) Someter a plebiscito las materias de administración local, de acuerdo a lo establecido en los artículos 99 y siguientes;

Ley 20958
Art. 3, N° 5 a)
D.O. 15.10.2016

ñ) Autorizar la circulación de los vehículos municipales fuera de los días y horas de trabajo, para el cumplimiento de las funciones inherentes a la municipalidad, y

Ley N° 20.088
ART. 11
D.O. 05.01.2006

o) Aprobar, observar o rechazar las solicitudes de materializar los aportes al espacio público que contempla la Ley General de Urbanismo y Construcciones a través de la ejecución de estudios, proyectos, obras y medidas de acuerdo a lo que dispone el mismo cuerpo legal.

Ley 20958
Art. 3, N° 5 b)
D.O. 15.10.2016

p) Requerir de la Fiscalía del Ministerio Público y de las Fuerzas de Orden y Seguridad Pública, que ejerzan sus funciones en la comuna respectiva, los datos oficiales que éstas posean en sus sistemas de información, sobre los delitos que hubiesen afectado a la comuna durante el mes anterior, con el objetivo de dar cumplimiento a la función establecida en la letra j) del artículo 4 de la presente ley.

Ley 20958
Art. 3, N° 5 c)
D.O. 15.10.2016

Ley 20965
Art. 1 N° 6 c)
D.O. 04.11.2016

El funcionario policial de más alto rango en la unidad policial requerida, o en quien éste delegue su función, deberá enviar dicha información al alcalde o al funcionario municipal que éste designe, a través del medio más expedito, dentro de los diez días hábiles siguientes a la solicitud, la cual en todo caso no podrá contener datos que permitan la singularización de personas determinadas.

Artículo 64.- El alcalde consultará al concejo para efectuar la designación de delegados a que se refiere el artículo 68.

D.F.L 1-19.704
ART. 64
D.O. 03.05.2002

La Ley 21455, Art. 54, D.O. 13.06.2022 modificó este Artículo, lo que depende del siguiente evento para que entre en vigencia: Las modificaciones introducidas a la presente norma por el Título VI de la ley 21.040 entrarán en vigencia desde la fecha del traspaso del servicio educacional al Servicio Local respectivo.

Artículo 65.- El alcalde requerirá el acuerdo del concejo para:

D.F.L 1-19.704
ART. 65
D.O. 03.05.2002

a) Aprobar el plan comunal de desarrollo y el presupuesto municipal, y sus modificaciones, como asimismo los presupuestos de salud y educación, los programas de inversión correspondientes y las políticas de recursos humanos, de prestación de servicios municipales y de concesiones, permisos y licitaciones;

b) Aprobar el plan regulador comunal, los planes seccionales y sus planos de detalle, el plan de inversiones en infraestructura de movilidad y espacio público y los estudios, proyectos, obras y medidas no incluidos en éstos que sean propuestos por los interesados conforme lo establece el artículo 179 de la Ley General de Urbanismo y Construcciones, en su caso, y el proyecto de plan regulador comunal o de plan seccional en los casos a que se refiere la letra k) del artículo 5°;

Ley 20791
Art. 2 N° 3
D.O. 29.10.2014

Ley 20958
Art. 3, N° 6 a)
D.O. 15.10.2016

c) Aprobar el plan comunal de seguridad pública y sus actualizaciones;

Ley 20965
Art. 1 N° 7 a)
D.O. 04.11.2016

d) Establecer derechos por los servicios municipales y por los permisos y concesiones;

e) Aplicar, dentro de los marcos que indique la ley, los tributos que graven actividades o bienes que tengan una clara identificación local y estén destinados a obras de desarrollo comunal;

f) Adquirir, enajenar, gravar, arrendar por un plazo superior a cuatro años o traspasar a cualquier título, el dominio o mera tenencia de bienes inmuebles municipales o donar bienes muebles;

g) Expropiar bienes inmuebles para dar cumplimiento al plan regulador comunal;

LEY 20.033
ART. 5° N° 5
D.O. 01.07.2005

h) Otorgar subvenciones y aportes, para financiar actividades comprendidas entre las funciones de las municipalidades, a personas jurídicas de carácter público o privado, sin fines de lucro, y ponerles término;

i) Transigir judicial y extrajudicialmente;

Ley 21074
Art. 5 N° 3
D.O. 15.02.2018

j) Suscribir los convenios de programación a que se refieren los artículos 8° bis y 8° ter y celebrar los convenios y contratos que involucren montos iguales o superiores al equivalente a 500 unidades tributarias mensuales, y que requerirán el acuerdo de la mayoría absoluta del concejo; no obstante, aquellos que comprometan al municipio por un plazo que exceda el período alcaldicio, requerirán el acuerdo de los dos tercios de dicho concejo. Asimismo, suscribir los convenios sobre aportes urbanos reembolsables que regula la Ley General de Urbanismo y Construcciones;

D.F.L 1-19.704
ART. 65 letra i)
D.O. 03.05.2002

Ley 20958
Art. 3, N° 6 b)
D.O. 15.10.2016

k) Otorgar concesiones municipales, renovarlas y ponerles término. En todo caso, las renovaciones sólo podrán acordarse dentro de los seis meses que precedan a su expiración, aún cuando se trate de concesiones reguladas en leyes especiales;

D.F.L 1-19.704
ART. 65 letra j)
D.O. 03.05.2002

l) Dictar ordenanzas municipales y el reglamento a que se refiere el artículo 31;

D.F.L 1-19.704
ART. 65 letra k)
D.O. 03.05.2002

m) Omitir el trámite de licitación pública en los casos de imprevistos urgentes u otras circunstancias debidamente calificadas, en conformidad con lo dispuesto en el artículo 8° de esta ley;

n) Convocar, de propia iniciativa, a plebiscito comunal, en conformidad con lo dispuesto en el Título IV;

D.F.L 1-19.704
ART. 65 letra l)
D.O. 03.05.2002

ñ) Readscribir o destinar a otras unidades al personal municipal que se desempeñe en la unidad de control y en los juzgados de policía local;

D.F.L 1-19.704
ART. 65 letra m)

D.O. 03.05.2002

o) Otorgar, renovar, caducar y trasladar patentes de alcoholes. El otorgamiento, la renovación o el traslado de estas patentes se practicará previa consulta a las juntas de vecinos respectivas;

Ley 20554
Art. 13
D.O. 23.01.2012

p) Fijar el horario de funcionamiento de los establecimientos de expendio de bebidas alcohólicas existentes en la comuna, dentro de los márgenes establecidos en el artículo 21 de la Ley sobre Expendio y Consumo de Bebidas Alcohólicas. En la ordenanza respectiva se podrán fijar horarios diferenciados de acuerdo a las características y necesidades de las distintas zonas de la correspondiente comuna o agrupación de comunas. Estos acuerdos del concejo deberán ser fundados;

D.F.L 1-19.704
ART. 65 letra n)
D.O. 03.05.2002

LEY Nº 19.846
ART. 33 Nº 1
D.O. 04.01.2003

q) Otorgar patentes a las salas de cine destinadas a la exhibición de producciones cinematográficas de contenido pornográfico. En este caso, el acuerdo deberá adoptarse por la mayoría simple de los miembros del concejo. El alcalde oirá previamente a la junta de vecinos correspondiente;

D.F.L 1-19.704
ART. 65 letra ñ)
D.O. 03.05.2002

LEY Nº 19.925
ART. 7º
D.O. 19.01.2004

r) Otorgar la autorización a que se refiere el párrafo segundo de la letra c) del artículo 5º, previo informe de las direcciones o unidades de tránsito y de obras municipales y de la unidad de Carabineros y el Cuerpo de Bomberos de la comuna, siempre que la solicitud sea suscrita por a lo menos el 80 por ciento de los propietarios de los inmuebles o de sus representantes o moradores autorizados cuyos accesos se encuentren ubicados al interior de la calle, pasaje o conjunto habitacional urbano o rural que será objeto de cierre. La solicitud de cierre deberá señalar su forma de administración. La autorización deberá ser fundada, especificar el lugar de instalación de los dispositivos de cierre o control; las restricciones a vehículos, peatones o a ambos, en su caso, y los horarios en que se aplicará. La municipalidad podrá revocarla en cualquier momento cuando así lo solicite, a lo menos, el 50 por ciento de los referidos propietarios o sus representantes.

LEY Nº 19.846
ART. 33 Nº 2
D.O. 04.01.2003

LEY Nº 19.846
ART. 33 Nº 3
D.O. 04.01.2003

Ley 20499
Art. ÚNICO N° 2
D.O. 08.02.2011

Con las mismas exigencias dispuestas en el párrafo precedente, y con aquellas que se señalan a continuación, se podrá otorgar autorización para implementar medidas de control de acceso en calles y pasajes que tuvieren un acceso y salida diferentes, con los siguientes requisitos:

Ley 21411
Art. ÚNICO N° 2 a) i. y ii.
D.O. 25.01.2022

i. El ancho de la calzada debe ser inferior a 7 metros.

ii. Podrá implementarse solamente en la entrada y salida de calles y pasajes cuya extensión no sea superior a una cuadra.

Ley 21411
Art. ÚNICO N° 2 b)
D.O. 25.01.2022

iii. Estarán autorizados a funcionar por un lapso no superior a siete horas continuas, las que se deberán indicar en la solicitud a que se refiere el párrafo primero de este literal. Excepcionalmente, el municipio podrá autorizar periodos de cierre que no excedan de diez horas continuas, fundado en especiales motivos de seguridad y siempre que no haya afectación relevante del tránsito.

La facultad señalada en los párrafos anteriores no podrá ser ejercida en barrios o zonas declaradas patrimonio de la humanidad o respecto de barrios, calles, pasajes o lugares que tengan el carácter de patrimonio arquitectónico o sirvan como acceso a ellos o a otros calificados como monumentos nacionales.

Ley 21411
Art. ÚNICO N° 2 c)
D.O. 25.01.2022

Ley 21411
Art. ÚNICO N° 2 d)
D.O. 25.01.2022

Un reglamento expedido por el Ministerio del Interior y Seguridad Pública determinará las características del cierre o de las medidas de control de acceso, según corresponda, velando por que ellas puedan ser desactivadas en caso de emergencia. Dicho reglamento considerará una ordenanza municipal tipo, propuesta por la Subsecretaría de Desarrollo Regional y Administrativo, que deberá contener medidas para garantizar la circulación de las personas y de los vehículos de emergencia, de utilidad pública y de beneficio comunitario, y compatibilizar el objeto de la autorización con el desarrollo de la actividad económica del sector.

Ley 21411
Art. ÚNICO N° 2 e)
D.O. 25.01.2022

La autorización nunca podrá comprender alguna vía de la red vial básica. La ordenanza que se dicte sobre la materia deberá ser sometida por el alcalde a la aprobación del concejo.

Toda solicitud de cierre o de implementación de medidas de control de acceso en calles y pasajes que, cumpla con los requisitos establecidos en los párrafos precedentes, y cuente con un ingreso o salida que acceda o enfrente una o más vías de la red vial básica, requerirá de un informe técnico favorable de la secretaría regional ministerial de Transportes y Telecomunicaciones respectiva. Un reglamento expedido por el Ministerio de Transportes y Telecomunicaciones establecerá el procedimiento para solicitar el informe por la respectiva secretaría regional ministerial y las condiciones para otorgarlo.

Si los organismos encargados de evacuar informes para el establecimiento de cierres o la implementación de medidas de control de acceso en los términos precedentes no lo hicieren dentro de los sesenta días siguientes al despacho de la solicitud, se entenderá que se manifiestan a favor de ella, y

s) Aprobar todos aquellos informes que le sean requeridos a la municipalidad en virtud de la Ley Marco Cambio Climático.

Ley 21455
Art. 54
D.O. 13.06.2022

Las materias que requieren el acuerdo del concejo serán de iniciativa del alcalde. Sin perjuicio de lo anterior, si el alcalde incurriere en incumplimiento reiterado y negligente de las obligaciones señaladas en el inciso segundo del artículo 56, podrá ser requerido por el concejo para que presente el o los proyectos que correspondan dentro de un tiempo prudencial. En caso de que el alcalde persista en la omisión, su conducta podrá ser considerada como causal de notable abandono de deberes, para los efectos de lo previsto en la letra c) del artículo 60, salvo en lo que se refiere a la no presentación del plan comunal de seguridad pública, en cuyo caso los concejales sólo podrán solicitar al Tribunal Electoral Regional la aplicación de alguna de las medidas disciplinarias dispuestas en las letras a), b) o c) del artículo 120 de la ley N° 18.883. No obstante lo expresado precedentemente, los concejales podrán someter a consideración del concejo las materias señaladas anteriormente, siempre que éstas no incidan en la administración financiera del municipio.

Ley 20742
Art. 1 Nº 10
D.O. 01.04.2014

Ley 20965
Art. 1 N° 7 b)
D.O. 04.11.2016

Al aprobar el presupuesto, el concejo velará porque en él se indiquen los ingresos estimados y los montos de los recursos suficientes para atender los gastos previstos. El concejo no podrá aumentar el presupuesto de gastos presentado por el alcalde, sino sólo disminuirlo, y modificar su distribución, salvo respecto de gastos establecidos por ley o por convenios celebrados por el municipio. Con todo, el presupuesto deberá reflejar las estrategias, políticas, planes, programas y metas aprobados por el concejo a proposición del alcalde.

El presupuesto municipal incluirá los siguientes anexos informativos:

1) Los proyectos provenientes del Fondo Nacional de Desarrollo Regional, de las Inversiones Sectoriales de Asignación Regional, del Subsidio de Agua Potable, y de otros recursos provenientes de terceros, con sus correspondientes presupuestos.

2) Los proyectos presentados anualmente a fondos sectoriales, diferenciando entre aprobados, en trámite, y los que se presentarán durante el transcurso del año, señalándose los ingresos solicitados y gastos considerados.

3) Los proyectos presentados a otras instituciones nacionales o internacionales.

Los proyectos mencionados deberán ser informados al concejo conjuntamente con la presentación del presupuesto, sin perjuicio de informar además trimestralmente su estado de avance y el flujo de ingresos y gastos de los mismos.

El acuerdo a que se refiere la letra b) de este artículo deberá ser adoptado con el siguiente quórum:

a) Cuatro concejales en las comunas que cuenten con seis concejales.

b) Cinco concejales en las comunas que cuenten con ocho.

c) Seis concejales en las comunas que cuenten con diez de ellos.

Artículo 66.- La regulación de los procedimientos administrativos de contratación que realicen las municipalidades se ajustará a la Ley de Bases sobre Contratos Administrativos de Suministro y Prestación de Servicios y sus reglamentos.

LEY N° 19.886
ART. 37
D.O. 30.07.2003

Asimismo, el procedimiento administrativo de otorgamiento de concesiones para la prestación de servicios por las municipalidades se ajustará a las normas de la citada ley y sus reglamentos, salvo lo establecido en los incisos cuarto, quinto y sexto del artículo 8° de la presente ley, disposiciones que serán aplicables en todo caso.

Ley 20355
Art. ÚNICO N° 1
D.O. 25.06.2009

Sin perjuicio de lo señalado en el inciso primero, tratándose de la suscripción de convenios marco, deberá estarse a lo establecido en el inciso tercero de la letra d), del artículo 30 de dicha ley.

Ley 20355
Art. ÚNICO N° 2
D.O. 25.06.2009

La Ley 21040, Art. 69, N° 6, D.O. 24.11.2017 modificó este Artículo, lo que depende del siguiente evento para que entre en vigencia: Las modificaciones introducidas a la presente norma por el Título VI de la ley 21.040 entrarán en vigencia desde la fecha del traspaso del servicio educacional al Servicio Local respectivo.

Artículo 67.- El alcalde deberá dar cuenta pública al concejo, al consejo comunal de organizaciones de la sociedad civil y al consejo comunal de seguridad pública, a más tardar en el mes de abril de cada año, de su gestión anual y de la marcha general de la municipalidad. Deberán ser invitados también a esta sesión del concejo, las principales organizaciones comunitarias y otras relevantes de la comuna; las autoridades locales, regionales, y los parlamentarios que representen al distrito y la circunscripción a que pertenezca la comuna respectiva.

D.F.L 1-19.704
ART. 67
D.O. 03.05.2002

Ley 20965
Art. 1 N° 8 a), b)
D.O. 04.11.2016

La cuenta pública se efectuará mediante informe escrito, el cual deberá hacer referencia a lo menos a los siguientes contenidos:

Ley 20500
Art. 33 Nº 3
D.O. 16.02.2011

a) El balance de la ejecución presupuestaria y el estado de situación financiera, indicando la forma en que la previsión de ingresos y gastos se ha cumplido efectivamente, como asimismo, el detalle de los pasivos del municipio y de las corporaciones municipales cuando corresponda;

Ley 20742
Art. 1 Nº 11 a)
D.O. 01.04.2014

LEY Nº 20.033
ART. 5º Nº 6
D.O. 01.07.2005

b) Las acciones realizadas para el cumplimiento del plan comunal de desarrollo, así como los estados de avance de los programas de mediano y largo plazo, las metas cumplidas y los objetivos alcanzados;

c) La gestión anual del municipio respecto del plan comunal de seguridad pública vigente, dando cuenta especialmente del contenido y monitoreo del plan comunal de seguridad pública;

Ley 20965
Art. 1 Nº 8 c)
D.O. 04.11.2016

d) La gestión anual del consejo comunal de seguridad pública, dando cuenta especialmente del porcentaje de asistencia de sus integrantes, entre otros;

e) Las inversiones efectuadas en relación con los proyectos concluidos en el período y aquellos en ejecución, señalando específicamente las fuentes de su financiamiento;

f) Un resumen de las auditorías, sumarios y juicios en que la municipalidad sea parte, las resoluciones que respecto del municipio haya dictado el Consejo para la Transparencia, y de las observaciones más relevantes efectuadas por la Contraloría General de la República, en cumplimiento de sus funciones propias, relacionadas con la administración municipal;

Ley 20742
Art. 1 Nº 11 b)
D.O. 01.04.2014

g) Los convenios celebrados con otras instituciones, públicas o privadas, así como la constitución de corporaciones o fundaciones, o la incorporación municipal a ese tipo de entidades;

h) Las modificaciones efectuadas al patrimonio municipal;

Ley 20742
Art. 1 Nº 11 c), d)
D.O. 01.04.2014

i) Los indicadores más relevantes que den cuenta de la gestión en los servicios de educación y salud, cuando estos sean de administración municipal, tales como el número de colegios y alumnos matriculados; de los resultados obtenidos por los alumnos en las evaluaciones oficiales que se efectúen por el Ministerio de Educación; de la situación previsional del personal vinculado a las áreas de educación y salud; del grado de cumplimiento de las metas sanitarias y de salud a nivel comunal;

Ley 20922
Art. 4 N° 7 a), b)
D.O. 25.05.2016

j) El estado de la aplicación de la política de recursos humanos;

k) Todo hecho relevante de la administración municipal que deba ser conocido por la comunidad local, y

Ley 20958
Art. 3, N° 7 a)
D.O. 15.10.2016

l) Una relación detallada del uso, situación y movimiento de todos y cada uno de los aportes recibidos para la ejecución del plan de inversiones en infraestructura de movilidad y espacio público a que se refiere la Ley General de Urbanismo y Construcciones, la asignación de aportes en dinero a obras específicas, las obras ejecutadas, los fondos disponibles en la cuenta especial, la programación de obras para el año siguiente y las medidas de mitigación directa, estudios, proyectos, obras y medidas por concepto de aportes al espacio público recepcionadas y garantizadas y las incluidas en los permisos aprobados, consignando, además, las garantías a que alude el artículo 173 de la Ley General de Urbanismo y Construcciones que obren en su poder y la situación de los fondos obtenidos por el cobro de garantías.

Ley 20958
Art. 3, N° 7 b)
D.O. 15.10.2016

Un extracto de la cuenta pública del alcalde deberá ser difundido a la comunidad. Sin perjuicio de lo anterior, la cuenta íntegra efectuada por el alcalde deberá estar a disposición de los ciudadanos para su consulta.

Ley 20742
Art. 1 N° 11 e)
D.O. 01.04.2014

Asimismo, el alcalde deberá hacer entrega, al término de su mandato, de un Acta de Traspaso de Gestión, la que deberá consignar la información consolidada de su período alcaldicio, respecto de los contenidos indicados en el inciso segundo del presente artículo, así como de los contratos y concesiones vigentes. Dicha Acta deberá ser suscrita por el secretario municipal y el jefe de la unidad de control.

Sin embargo, podrán no suscribirla si no estuviesen de acuerdo con sus contenidos, debiendo comunicar ello al alcalde que termina su mandato. El Acta de Traspaso de Gestión se entregará tanto al alcalde que asume como a los nuevos concejales que se integrarán, a contar de la sesión de instalación del concejo.

El no cumplimiento de lo establecido en este artículo será considerado causal de notable abandono de sus deberes por parte del alcalde.

Artículo 68.- El alcalde podrá designar delegados en localidades distantes de la sede municipal o en cualquier parte de la comuna, cuando las circunstancias así lo justifiquen. Tal designación podrá recaer en un funcionario de la municipalidad o en ciudadanos que cumplan con los requisitos establecidos en el artículo 73 y no estén en la situación prevista por el inciso tercero del artículo 59.

D.F.L 1-19.704
ART. 68
D.O. 03.05.2002

Si la designación recayere en un funcionario de la municipalidad, éste ejercerá su cometido en comisión de servicios; si fuere designada una persona ajena a aquélla, podrá ser contratada a honorarios o se desempeñará ad honórem, según se establezca en la respectiva resolución, quedando afecta a las mismas responsabilidades de los funcionarios municipales.

La delegación deberá ser parcial y recaer sobre materias específicas. En la resolución respectiva el alcalde determinará las facultades que confiere, el plazo y el ámbito territorial de competencia del delegado.

La designación de los delegados deberá ser comunicada por el alcalde al delegado presidencial provincial respectivo.

Ley 21073
Art. 10 Nº 4
D.O. 22.02.2018

LEY Nº 20.033
ART. 5º Nº 7
D.O. 01.07.2005

Artículo 69.- Los alcaldes tendrán derecho a percibir una Asignación de Dirección Superior inherente al cargo, imponible y tributable, y que tendrá el carácter de renta para todo efecto legal, correspondiente al 100% de la suma del sueldo base y la asignación municipal. El gasto que represente el pago de este beneficio se efectuará con cargo al presupuesto de la respectiva municipalidad.

Dicha asignación será incompatible con la percepción de cualquier emolumento, pago o beneficio económico de origen privado o público, distinto de los que contempla el respectivo régimen de remuneraciones, y también será incompatible con la percepción de pagos por horas extraordinarias. Sólo se exceptúan de la incompatibilidad anterior, el ejercicio de los derechos que atañen personalmente a la autoridad edilicia; la percepción de los beneficios de seguridad social de carácter irrenunciable; los emolumentos que provengan de la administración de su patrimonio y del desempeño de la docencia, en los términos establecidos en el artículo 8º de la Ley Nº 19.863.

Con todo, las remuneraciones de los alcaldes y las asignaciones asociadas a ellas, no se considerarán para efectos de calcular el límite de gasto en personal de las municipalidades, establecido en el artículo 1º de la Ley Nº 18.294.

D.F.L 1-19.704
ART. 70
D.O. 03.05.2002

Artículo 70.- Los alcaldes no podrán tomar parte en la discusión y votación de asuntos en que él o sus parientes, hasta el cuarto grado de consanguinidad o segundo de afinidad, tengan interés.

TÍTULO III
DEL CONCEJO

Artículo 71.- En cada municipalidad habrá un concejo de carácter normativo, resolutivo y fiscalizador, encargado de hacer efectiva la participación de la comunidad local y de ejercer las atribuciones que señala esta ley.

D.F.L 1-19.704
ART. 71
D.O. 03.05.2002

Artículo 72.- Los concejos estarán integrados por concejales elegidos por votación directa mediante un sistema de representación proporcional, en conformidad con esta ley. Durarán cuatro años en sus cargos y podrán ser reelegidos.

D.F.L 1-19.704
ART. 72
D.O. 03.05.2002

Cada concejo estará compuesto por:

a) Seis concejales en las comunas o agrupaciones de comunas de hasta setenta mil electores;

b) Ocho concejales en las comunas o agrupaciones de comunas de más de setenta mil y hasta ciento cincuenta mil electores, y

c) Diez concejales en las comunas o agrupaciones de comunas de más de ciento cincuenta mil electores.

El número de concejales por elegir en cada comuna o agrupación de comunas, en función de sus electores, será determinado mediante resolución del Director del Servicio Electoral. Para estos efectos, se considerará el registro electoral vigente siete meses antes de la fecha de la elección respectiva. La resolución del Director del Servicio deberá ser publicada en el sitio electrónico de ese Servicio dentro de los diez días siguientes al término del referido plazo de siete meses, contado hacia atrás desde la fecha de la elección.

Ley 21311
Art. 2, N° 1
D.O. 16.02.2021

Artículo 73.- Para ser elegido concejal se requiere:

D.F.L 1-19.704
ART. 73
D.O. 03.05.2002

a) Ser ciudadano con derecho a sufragio;

b) Haber aprobado la enseñanza media o su equivalente, considerándose también como estudios equivalentes, para estos efectos, los acreditados mediante certificado de cuarto medio laboral;

Ley 20742
Art. 1 N° 12
D.O. 01.04.2014

c) Tener residencia en la región a que pertenezca la respectiva comuna o agrupación de comunas, según corresponda, a lo menos durante los últimos dos años anteriores a la elección;

Ley 21281
Art. ÚNICO a)
D.O. 05.11.2020

d) Tener su situación militar al día, y

e) No estar afecto a alguna de las inhabilidades que establece esta ley.

No podrá ser alcalde ni concejal el que tuviere dependencia de sustancias o drogas estupefacientes o sicotrópicas ilegales, a menos que justifique su consumo por un tratamiento médico.

LEY Nº 20.000
ART. 70
D.O. 16.02.2005

Artículo 74.- No podrán ser candidatos a alcalde o a concejal:

LEY Nº 19.958
ART. ÚNICO
Nº 2 a)
D.O. 17.07.2004

a) Los ministros de Estado, los subsecretarios, los secretarios regionales ministeriales, los gobernadores regionales, los delegados presidenciales regionales, los delegados presidenciales provinciales, los secretarios regionales ministeriales, los consejeros regionales, los parlamentarios, los miembros del consejo del Banco Central y el Contralor General de la República;

Ley 21073
Art. 10 N° 5 a)
D.O. 22.02.2018

b) Los miembros y funcionarios de los diferentes escalafones del Poder Judicial, del Ministerio Público, de la Contraloría General de la República, así como los del Tribunal Constitucional, del Tribunal de Defensa de la Libre Competencia, del Tribunal de Contratación Pública, del Tribunal Calificador de Elecciones y de los tribunales electorales regionales, los consejeros del Consejo para la Transparencia, y los miembros activos de las Fuerzas Armadas y de Orden y Seguridad Pública, y

NOTA

D.F.L 1-19.704
ART. 74
D.O. 03.05.2002

c) Las personas que a la fecha de inscripción de sus candidaturas tengan vigente o suscriban, por sí o por terceros, contratos o cauciones ascendentes a doscientas unidades tributarias mensuales o más, con la respectiva municipalidad. Tampoco podrán serlo quienes tengan litigios pendientes con la municipalidad, a menos que se refieran al ejercicio de derechos propios, de su cónyuge, hijos, adoptados o parientes hasta el tercer grado de consanguinidad y segundo de afinidad inclusive.

Ley 20742
Art. 1 Nº 13
D.O. 01.04.2014

Igual prohibición regirá respecto de los directores, administradores, representantes y socios titulares del diez por ciento o más de los derechos de cualquier clase de sociedad, cuando ésta tenga contratos o cauciones vigentes ascendentes a doscientas unidades tributarias mensuales o más, o litigios pendientes, con la municipalidad.

Tampoco podrán ser candidatos a alcalde o a concejal las personas que se hallen condenadas por crimen o simple delito que merezca pena aflictiva.

LEY Nº 19.958
ART. ÚNICO
Nº 2 b)
D.O. 17.07.2004

Las inhabilidades establecidas en las letras a) y b) serán aplicables a quienes hubieren tenido las calidades o cargos antes mencionados dentro del año inmediatamente anterior a la elección municipal.

Ley 21073
Art. 10 N° 5 b)
D.O. 22.02.2018

NOTA

La modificación al Art. 74, letra b), dispuesta por el Art. 1° N° 13 de la Ley 20742, publicada el 01.04.2014, regirá a contar de la fecha en que deban declararse las candidaturas a las elecciones municipales del año 2016, esto es, 1° de agosto del citado año.

Artículo 75.- Los cargos de concejales serán incompatibles con los de miembro de los consejos comunales de organizaciones de la sociedad civil, así como con las funciones públicas señaladas en las letras a) y b) del artículo anterior. También lo serán con todo empleo, función o comisión que se desempeñe en la misma municipalidad y en las corporaciones o fundaciones en que ella participe.

Ley 20742
Art. 1 N° 14 a)
D.O. 01.04.2014

Tampoco podrán desempeñar el cargo de concejal:

a) Los que durante el ejercicio de tal cargo incurran en alguno de los supuestos a que alude la letra c) del artículo 74;

b) Los que durante su desempeño actuaren como abogados o mandatarios en cualquier clase de juicio contra la respectiva municipalidad; y

c) Los que tengan, respecto del alcalde de la misma municipalidad, la calidad de cónyuge, hijos, adoptados o parientes hasta el segundo grado de consanguinidad o de afinidad inclusive.

Ley 20742
Art. 1 N° 14 b), c), d)
D.O. 01.04.2014

Sin perjuicio de lo establecido en la presente ley, a los concejales no les será aplicable la incompatibilidad establecida en el inciso primero del artículo 86 de la Ley N° 18.834.

Artículo 76.- Los concejales cesarán en el ejercicio de sus cargos por las siguientes causales:

D.F.L 1-19.704
ART. 76
D.O. 03.05.2002

a) Incapacidad psíquica o física para el desempeño del cargo;

b) Renuncia por motivos justificados, aceptada por el concejo. Con todo, la renuncia que fuere motivada por la postulación a otro cargo de elección popular no requerirá de acuerdo alguno;

c) Inasistencia injustificada a más del veinticinco por ciento de las sesiones ordinarias a que se cite en un año calendario;

Ley 20742
Art. 1 N° 15 a)
D.O. 01.04.2014

d) Inhabilidad sobreviniente, por alguna de las causales previstas en las letras a) y b) del artículo anterior;

e) Pérdida de alguno de los requisitos exigidos para ser elegido concejal. Sin embargo, la suspensión del derecho de sufragio sólo dará lugar a la incapacitación temporal para el desempeño del cargo, y

f) Incurrir en una contravención grave al principio de la probidad administrativa, en notable abandono de deberes o en alguna de las incompatibilidades previstas en el inciso primero del artículo anterior.

Ley 20742
Art. 1 Nº 15 b)
D.O. 01.04.2014

Artículo 77.- Las causales establecidas en las letras a), c), d), e) y f) del artículo anterior serán declaradas por el tribunal electoral regional respectivo, a requerimiento, según corresponda, del alcalde o de cualquier concejal de la respectiva municipalidad, conforme al procedimiento establecido en los artículos 17 y siguientes de la Ley Nº 18.593. El concejal que estime estar afectado por alguna causal de inhabilidad deberá darla a conocer apenas tenga conocimiento de su existencia. La cesación en el cargo, tratándose de estas causales, operará una vez ejecutoriada la sentencia que declare su existencia.

D.F.L 1-19.704
ART. 77
D.O. 03.05.2002

Ley 20742
Art. 1 Nº 16 a)
D.O. 01.04.2014

Al concejal que fuere removido de su cargo, por la causal prevista en la letra f) del artículo precedente, le será aplicable la inhabilidad establecida en el artículo 60.

Ley 20742
Art. 1 Nº 16 b)
D.O. 01.04.2014

Artículo 78.- Si falleciere o cesare en su cargo algún concejal durante el desempeño de su mandato, la vacante se proveerá con el ciudadano que, habiendo integrado la lista electoral del concejal que provoque la vacancia, habría resultado elegido si a esa lista hubiere correspondido otro cargo. Si el concejal que cesare hubiere sido elegido dentro de un subpacto, la prioridad para reemplazarlo corresponderá al candidato que hubiere resultado elegido si a ese subpacto le hubiere correspondido otro cargo.

D.F.L 1-19.704
ART. 78
D.O. 03.05.2002

En caso de no ser aplicable la regla anterior, la vacante será proveída por el concejo, por mayoría absoluta de sus miembros en ejercicio, de entre los incluidos en una terna propuesta por el partido político al que hubiere pertenecido, al momento de ser elegido, quien hubiere motivado la vacante. Para tal efecto, el partido político tendrá un plazo de diez días hábiles desde su notificación por el secretario municipal del fallo del tribunal electoral regional. Transcurrido dicho plazo sin que se presente la terna, el concejal que provoca la vacante no será reemplazado. El concejo deberá elegir al nuevo concejal dentro de los diez días siguientes de recibida la terna respectiva; si el concejo no se pronunciare dentro de dicho término, la persona que ocupe el primer lugar de la terna asumirá de pleno derecho el cargo vacante.

LEY N° 20.033
ART. 5° N° 9
D.O. 01.07.2005

Los concejales elegidos como independientes no serán reemplazados, a menos que éstos hubieren postulado integrando pactos. En este último caso, se aplicará lo dispuesto en los dos primeros incisos del presente artículo. Para tal efecto, la terna que señala el inciso segundo, será propuesta por el o los partidos políticos que constituyeron el subpacto con el independiente que motiva la vacante, o, en su defecto, por el pacto electoral que lo incluyó.

El nuevo concejal permanecerá en funciones el término que le faltaba al que originó la vacante, pudiendo ser reelegido.

En ningún caso procederán elecciones complementarias.

Artículo 78 bis.- En caso de nulidad del acto eleccionario de concejales, declarada por sentencia firme o ejecutoriada por el tribunal electoral competente, las funciones a que se refieren los artículos 64 y 65 serán desempeñadas, en conjunto y de consuno, por los cuatro funcionarios en ejercicio que sigan al alcalde en orden de jerarquía, con exclusión del juez de policía local, hasta la instalación del nuevo concejo.

LEY 20334
Art. 2° N° 2)
D.O. 04.02.2009

Con todo, cuando el tribunal electoral competente hubiese declarado la nulidad de una elección de alcalde y concejales, mediante sentencia firme o ejecutoriada, las atribuciones a que se refiere el inciso anterior serán desempeñadas, en conjunto y de consuno, por los cuatro funcionarios en ejercicio que sigan al alcalde en orden de jerarquía, con exclusión del secretario municipal y del juez de policía local, hasta la instalación del nuevo concejo.

Artículo 79.- Al concejo le corresponderá:

D.F.L 1-19.704
ART. 79
D.O. 03.05.2002

a) Elegir al alcalde, en caso de vacancia, de acuerdo con lo dispuesto en el artículo 62, para este efecto el concejal deberá acreditar cumplir con los requisitos especificados en el inciso segundo del artículo 57;

LEY N° 19.958
ART. ÚNICO N° 4
D.O. 17.07.2004

b) Pronunciarse sobre las materias que enumera el artículo 65 de esta ley. Los concejales presentes en la votación respectiva deberán expresar su voluntad, favorable o adversa, respecto de las materias sometidas a aprobación del concejo, a menos que les asista algún motivo o causa para inhabilitarse o abstenerse de emitir su voto, debiendo dejarse constancia de ello en el acta respectiva;

Ley 20742
Art. 1 N° 17 a)
D.O. 01.04.2014

c) Fiscalizar el cumplimiento de los planes y programas de inversión municipales y la ejecución del presupuesto municipal, analizar el registro público mensual de gastos detallados que lleva la Dirección de Administración y Finanzas, como asimismo, la información, y la entrega de la misma, establecida en las letras c) y d) del artículo 27;

LEY Nº 20.033
ART. 5º Nº 10 a)
D.O. 01.07.2005

d) Fiscalizar las actuaciones del alcalde y formularle las observaciones que le merezcan, las que deberán ser respondidas por escrito dentro del plazo máximo de quince días;

LEY Nº 20.033
ART. 5º Nº 10 b)
D.O. 01.07.2005

e) Pronunciarse respecto de los motivos de renuncia a los cargos de alcalde y de concejal;

f) Aprobar la participación municipal en asociaciones, corporaciones o fundaciones;

g) Recomendar al alcalde prioridades en la formulación y ejecución de proyectos específicos y medidas concretas de desarrollo comunal;

h) Citar o pedir información, a través del alcalde, a los organismos o funcionarios municipales cuando lo estime necesario para pronunciarse sobre las materias de su competencia.

La facultad de solicitar información la tendrá también cualquier concejal, la que deberá formalizarse por escrito al concejo.

LEY Nº 20.033
ART. 5º Nº 10 c)
D.O. 01.07.2005

El alcalde estará obligado a responder el informe en un plazo no mayor de quince días;

i) Elegir, en un solo acto, a los integrantes del directorio que le corresponda designar a la municipalidad en cada corporación o fundación en que tenga participación, cualquiera sea el carácter de ésta o aquélla. Estos directores informarán al concejo acerca de su gestión, como asimismo acerca de la marcha de la corporación o fundación de cuyo directorio formen parte;

Ley 20527
Art. 1 Nº 1 a)
D.O. 06.09.2011

j) Solicitar informe a las empresas, corporaciones, fundaciones o asociaciones municipales, y a las entidades que reciban aportes o subvenciones de la municipalidad. En este último caso, la materia del informe sólo podrá consistir en el destino dado a los aportes o subvenciones municipales percibidos. Los informes requeridos deberán ser remitidos por escrito dentro del plazo de quince días;

Ley 20527
Art. 1 Nº 1 b)
D.O. 06.09.2011

k) Otorgar su acuerdo para la asignación y cambio de denominación de los bienes municipales y nacionales de uso público bajo su administración, como asimismo, de poblaciones, barrios y conjuntos habitacionales del territorio comunal previo informe escrito del consejo comunal de organizaciones de la sociedad civil;

LEY Nº 20.033
ART. 5º Nº 10 d)
D.O. 01.07.2005

Ley 20500
Art. 33 N° 5 a)
D.O. 16.02.2011

l) Fiscalizar las unidades y servicios municipales. En el ejercicio de su función fiscalizadora, el concejo, con el acuerdo de, al menos, un tercio de sus miembros, podrá citar a cualquier director municipal para que asista a sesiones del concejo con el objeto de formularle preguntas y requerir información en relación con materias propias de su dirección. El reglamento de funcionamiento del concejo establecerá el procedimiento y demás normas necesarias para regular estas citaciones;

Ley 20742
Art. 1 N° 17 b)
D.O. 01.04.2014

ll) Autorizar los cometidos del alcalde y de los concejales que signifiquen ausentarse del territorio nacional.

Requerirán también autorización los cometidos del alcalde y de los concejales que se realicen fuera del territorio de la comuna por más de diez días.

Ley 20500
Art. 33 N° 5 b)
D.O. 16.02.2011

Un informe de dichos cometidos y su costo se incluirán en el acta del concejo;

m) Supervisar el cumplimiento del plan comunal de desarrollo;

n) Pronunciarse, a más tardar el 31 de marzo de cada año, a solicitud del consejo comunal de organizaciones de la sociedad civil, sobre las materias de relevancia local que deben ser consultadas a la comunidad por intermedio de esta instancia, como asimismo la forma en que se efectuará dicha consulta, informando de ello a la ciudadanía, y

ñ) Informar a las organizaciones comunitarias de carácter territorial y funcional; a las asociaciones sin fines de lucro y demás instituciones relevantes en el desarrollo económico, social y cultural de la comuna, cuando éstas así lo requieran, acerca de la marcha y funcionamiento de la municipalidad, de conformidad con los antecedentes que haya proporcionado el alcalde con arreglo al artículo 87.

Lo anterior es sin perjuicio de las demás atribuciones y funciones que le otorga la ley.

Artículo 80.- La fiscalización que le corresponde ejercer al concejo comprenderá también la facultad de evaluar la gestión del alcalde, especialmente para verificar que los actos municipales se hayan ajustado a las políticas, normas y acuerdos adoptados por el concejo, en el ejercicio de sus facultades propias.

D.F.L 1-19.704
ART. 80
D.O. 03.05.2002

Las diferentes acciones de fiscalización deberán ser acordadas dentro de una sesión ordinaria del concejo y a requerimiento de cualquier concejal.

El concejo, por la mayoría de sus miembros, podrá disponer la contratación de una auditoría externa que evalúe la ejecución presupuestaria y el estado de situación financiera del municipio. Esta facultad podrá ejercerse sólo una vez al año en los municipios cuyos ingresos anuales superen las 6.250 unidades tributarias anuales, y cada dos años en los restantes municipios. No obstante lo anteriormente señalado, el concejo podrá disponer de la contratación de una auditoría externa que evalúe el estado de situación financiera del municipio, cada vez que se inicie un período alcaldicio. Aquella deberá acordarse dentro de los ciento veinte días siguientes a la instalación del concejo, a que se refiere el inciso primero del artículo 83, y el alcalde requerirá, también, el acuerdo del concejo para adjudicar dicha auditoría.

Ley 20742
Art. 1 Nº 18
D.O. 01.04.2014

Sin perjuicio de lo anterior, el concejo dispondrá la contratación de una auditoría externa que evalúe la ejecución del plan de desarrollo, la que deberá practicarse cada tres o cuatro años, respectivamente, según la clasificación de los municipios por ingresos señalada en el inciso precedente.

En todo caso las auditorías de que trata este artículo se contratarán por intermedio del alcalde y con cargo al presupuesto municipal. Los informes finales recaídos en ellas serán de conocimiento público.

Artículo 81.- El concejo sólo podrá aprobar presupuestos debidamente financiados, correspondiéndole especialmente al jefe de la unidad encargada del control, o al funcionario que cumpla esa tarea, la obligación de representar a aquél, mediante un informe, los déficit que advierta en el presupuesto municipal los pasivos contingentes derivados, entre otras causas, de demandas judiciales y las deudas con proveedores, empresas de servicio y entidades públicas, que puedan no ser servidas en el marco del presupuesto anual. Para estos efectos, el concejo deberá examinar trimestralmente el programa de ingresos y gastos, introduciendo las modificaciones correctivas a que hubiere lugar, a proposición del alcalde.

D.F.L 1-19.704
ART. 81
D.O. 03.05.2002

LEY 20237
Art. 2º Nº 4
D.O. 24.12.2007

Si el concejo desatendiere la representación formulada según lo previsto en el inciso anterior y no introdujere las rectificaciones pertinentes, el alcalde que no propusiere las modificaciones correspondientes o los concejales que las rechacen, serán solidariamente responsables de la parte deficitaria que arroje la ejecución presupuestaria anual al 31 de diciembre del año respectivo. Habrá acción pública para reclamar el cumplimiento de esta responsabilidad.

En todo caso, el concejo sólo resolverá las modificaciones presupuestarias una vez que haya tenido a la vista todos los antecedentes que justifican la modificación propuesta, los cuales deberán ser proporcionados a los concejales con una anticipación de a lo menos 5 días hábiles a la sesión respectiva.

LEY Nº 20.033
ART. 5º Nº 11
D.O. 01.07.2005

Artículo 82.- El pronunciamiento del concejo sobre las materias consignadas en la letra b) del artículo 79 se realizará de la siguiente manera:

D.F.L 1-19.704
ART. 82
D.O. 03.05.2002

a) El alcalde, en la primera semana de octubre, someterá a consideración del concejo las orientaciones globales del municipio, el presupuesto municipal y el programa anual, con sus metas y líneas de acción. En las orientaciones globales, se incluirán el plan comunal de desarrollo y sus modificaciones, el plan comunal de seguridad pública y sus actualizaciones, las políticas de servicios municipales, como, asimismo, las políticas y proyectos de inversión. El concejo deberá pronunciarse sobre todas estas materias antes del 15 de diciembre, luego de evacuadas las consultas por el consejo comunal de organizaciones de la sociedad civil, cuando corresponda.

Ley 20965
Art. 1 N° 9
D.O. 04.11.2016

Ley 20500
Art. 33 N° 6
D.O. 16.02.2011

b) El proyecto y las modificaciones del plan regulador comunal se regirán por los procedimientos específicos establecidos por las leyes vigentes.

c) En las demás materias, el pronunciamiento del concejo deberá emitirse dentro del plazo de veinte días, contado desde la fecha en que se dé cuenta del requerimiento formulado por el alcalde.

Si los pronunciamientos del concejo no se produjeren dentro de los términos legales señalados, regirá lo propuesto por el alcalde.

Artículo 83.- El concejo se instalará el día seis de diciembre del año de la elección respectiva, con la asistencia de la mayoría absoluta de los concejales declarados electos por el tribunal electoral regional competente, convocados para tal efecto por el secretario municipal. En todo caso, el período de los cargos de alcalde y de concejal se computará siempre a partir de dicha fecha.

D.F.L 1-19.704
ART. 83
D.O. 03.05.2002

En la primera sesión, el secretario municipal procederá a dar lectura al fallo del tribunal que dé cuenta del resultado definitivo de la elección en la comuna, tomará al alcalde y a los concejales electos el juramento o promesa de observar la Constitución y las leyes, y de cumplir con fidelidad las funciones propias de sus respectivos cargos.

El concejo, en la sesión de instalación se abocará a fijar los días y horas de las sesiones ordinarias. Una copia del acta de esta sesión se remitirá al gobierno regional respectivo, dentro de las cuarenta y ocho horas siguientes.

La Ley 21534, Art. 2°, D.O. 31.01.2023 modificó este Artículo, lo que entrará en vigencia el 01-ABR-2023.

Artículo 84.- El concejo se reunirá en sesiones ordinarias y extraordinarias. Sus acuerdos se adoptarán en sala legalmente constituida.

D.F.L 1-19.704
ART. 84
D.O. 03.05.2002

Las sesiones ordinarias se efectuarán a lo menos tres veces al mes, en días hábiles, y en ellas podrá tratarse cualquier materia que sea de competencia del concejo.

Las sesiones extraordinarias serán convocadas por el alcalde o por un tercio, a lo menos, de los concejales en ejercicio. En ellas sólo se tratarán aquellas materias indicadas en la convocatoria.

LEY Nº 20.033
ART. 5º Nº 12
D.O. 01.07.2005

Las sesiones del concejo serán públicas. Los dos tercios de los concejales presentes podrán acordar que determinadas sesiones sean secretas.

Las actas del concejo se harán públicas una vez aprobadas, y contendrán, a lo menos, la asistencia a la sesión, los acuerdos adoptados en ella y la forma como fueron votadas. La publicación se hará mediante los sistemas electrónicos o digitales que disponga la municipalidad.

LEY 20285
Art. CUARTO Nº 2
D.O. 20.08.2008

Las sesiones públicas deberán ser transmitidas simultáneamente, por cualquier medio electrónico capaz de emitir imagen y voz. Asimismo, deberán publicarse las grabaciones de las sesiones en la página web institucional y/o en alguna plataforma de libre acceso en internet, y se hará constar el enlace a ella en la página institucional o en otras plataformas oficiales de información al público, dentro de las setenta y dos horas siguientes a su celebración, y mantenerse disponibles por el plazo mínimo de tres años[1].

Ley 21534
Art. 2º
D.O. 31.01.2023

Artículo 85.- En ausencia del alcalde, presidirá la sesión el concejal presente que haya obtenido, individualmente, mayor votación ciudadana en la elección respectiva, según lo establecido por el tribunal electoral regional.

D.F.L 1-19.704
ART. 85
D.O. 03.05.2002

El secretario municipal, o quien lo subrogue, desempeñará las funciones de secretario del concejo.

Artículo 86.- El quórum para sesionar será la mayoría de los concejales en ejercicio.

D.F.L 1-19.704
ART. 86
D.O. 03.05.2002

Salvo que la ley exija un quórum distinto, los acuerdos del concejo se adoptarán por la mayoría absoluta de los concejales asistentes a la sesión respectiva.

---

1 Artículo transitorio.- La presente ley entrará en vigencia dos meses después de la fecha de su publicación. Ley 21.534 de 31 de Enero de 2023

Si hay empate, se tomará una segunda votación. De persistir el empate, se votará en una nueva sesión, la que deberá verificarse a más tardar dentro de tercero día. Si se mantiene dicho empate, corresponderá a quien presida la sesión el voto dirimente para resolver la materia.

Ley 20742
Art. 1 Nº 19 a)
D.O. 01.04.2014

Ley 20742
Art. 1 Nº 19 b)
D.O. 01.04.2014

Los alcaldes no serán considerados para el cálculo del quórum exigido para que el concejo pueda sesionar, pero sí en aquel requerido para adoptar acuerdos.

Artículo 87.- Todo concejal tiene derecho a ser informado plenamente por el alcalde o quien haga sus veces, de todo lo relacionado con la marcha y funcionamiento de la corporación. Este derecho debe ejercerse de manera de no entorpecer la gestión municipal. El alcalde deberá dar respuesta en el plazo máximo de quince días, salvo en casos calificados en que aquél podrá prorrogarse por un tiempo razonable a criterio del concejo.

D.F.L 1-19.704
ART. 87
D.O. 03.05.2002

Artículo 88.- Los concejales tendrán derecho a percibir una dieta mensual de entre siete coma ocho y quince coma seis unidades tributarias mensuales, según determine anualmente cada concejo por los dos tercios de sus miembros.

LEY Nº 20.033
ART. 5º Nº 12
D.O. 01.07.2005

El alcalde acordará con el concejo el número de sesiones ordinarias a realizar en el mes, debiendo efectuarse a lo menos tres.

Ley 20742
Art. 1 Nº 20 a)
D.O. 01.04.2014

Para efectos de la percepción de la dieta y de la asignación adicional establecida en el inciso sexto, no serán consideradas como tales las inasistencias que obedecieren a razones médicas o de salud, que hayan sido debidamente acreditadas mediante certificado expedido por médico habilitado para ejercer la profesión, presentado ante el concejo a través del secretario municipal. Igualmente, para los efectos señalados, y previo acuerdo del concejo, se podrá eximir a un concejal de la asistencia a sesión en razón del fallecimiento de un hijo, del cónyuge o de uno de sus padres, siempre que el deceso hubiese tenido lugar dentro de los siete días corridos anteriores a la sesión respectiva.

LEY 20237
Art. 2º Nº 5 a)
D.O. 24.12.2007

Asimismo, no se considerarán las inasistencias de concejales motivadas en el cumplimiento de cometidos expresamente autorizados por el propio concejo.

La dieta completa sólo se percibirá por la asistencia a la totalidad de las sesiones del concejo celebradas en el mes respectivo, disminuyéndose proporcionalmente aquélla según el número de inasistencias del concejal. Para los efectos anteriores, se considerarán tanto las sesiones ordinarias como las extraordinarias. No obstante, la inasistencia sólo de hasta una sesión podrá ser compensada por la asistencia, en el mismo mes, a dos sesiones de comisión de las referidas en el artículo 92.

Sin perjuicio de lo señalado, cada concejal tendrá derecho anualmente a una asignación adicional, a pagarse en el mes de enero, correspondiente a siete coma ocho unidades tributarias mensuales, siempre que durante el año calendario anterior haya asistido formalmente, a lo menos, al setenta y cinco por ciento de las sesiones celebradas por el concejo en dicho período.

Ley 20742
Art. 1 Nº 20 b)
D.O. 01.04.2014

Con todo, cuando un concejal se encuentre en el desempeño de cometidos en representación de la municipalidad, tendrá derecho a percibir fondos con el objeto de cubrir sus gastos de alimentación y alojamiento. Tales fondos no estarán sujetos a rendición y serán equivalentes al monto del viático que corresponda al alcalde respectivo por iguales conceptos.

LEY 20237
Art. 2º Nº 5 b)
D.O. 24.12.2007

D.F.L 1-19.704
ART. 89
D.O. 03.05.2002

Artículo 89.- A los concejales no les serán aplicables las normas que rigen a los funcionarios municipales, salvo en materia de responsabilidad civil y penal.

Ningún concejal de la municipalidad podrá tomar parte en la discusión y votación de asuntos en que él o sus parientes, hasta el cuarto grado de consanguinidad o segundo de afinidad, estén interesados, salvo que se trate de nombramientos o designaciones que deban recaer en los propios concejales.

Se entiende que existe dicho interés cuando su resolución afecte moral o pecuniariamente a las personas referidas.

Artículo 90.- Los empleadores de las personas que ejerzan un cargo de concejal deberán conceder a éstas los permisos necesarios para ausentarse de sus labores habituales hasta por ocho horas semanales, no acumulables, con el objeto de asistir a todas las sesiones del concejo y de las comisiones de trabajo que éste constituya.

Ley 20742
Art. 1 Nº 21
D.O. 01.04.2014

Del mismo modo, se deberán conceder permisos laborales para el desempeño de cometidos en representación de la municipalidad, con un máximo, para estos efectos, de tres días durante un año calendario, no acumulables. El tiempo que abarquen los permisos otorgados no será de cargo del empleador, sin perjuicio de lo que acuerden las partes, y se entenderá trabajado para los demás efectos legales, bastando para ello presentar la correspondiente certificación del secretario municipal.

Asimismo, los concejales, por la actividad que realicen en tal condición, quedarán sujetos al seguro contra riesgo de accidentes del trabajo y enfermedades profesionales establecido en la Ley N° 16.744, gozando de los beneficios que correspondan a la naturaleza de su cargo. El costo de este beneficio será de cargo municipal.

Artículo 91.- Los concejales podrán afiliarse al Sistema de Pensiones, de Vejez, de Invalidez y de Sobrevivencia de acuerdo a lo establecido en el Decreto Ley N° 3.500, por el solo hecho de asumir tales funciones. Para estos efectos, los concejales se asimilarán al régimen de los trabajadores por cuenta ajena.

D.F.L 1-19.704
ART. 91
D.O. 03.05.2002

Las obligaciones que las leyes pertinentes sobre seguridad social imponen a los empleadores, se radicarán para estos efectos en las respectivas municipalidades. Las cotizaciones previsionales se calcularán sobre la base de las asignaciones mensuales que a los concejales corresponda percibir en virtud del inciso 1° del artículo 88.

Artículo 92.- El concejo determinará en un reglamento interno las demás normas necesarias para su funcionamiento, regulándose en él las comisiones de trabajo que el concejo podrá constituir para desarrollar sus funciones, las que, en todo caso, serán siempre presididas por concejales, sin perjuicio de la asistencia de terceros cuya opinión se considere relevante a juicio de la propia comisión.

D.F.L 1-19.704
ART. 92
D.O. 03.05.2002

Ley 20742
Art. 1 N° 22
D.O. 01.04.2014

Artículo 92 bis.- Cada municipalidad, en concordancia con su disponibilidad financiera, deberá dotar al concejo municipal y a los concejales de los medios de apoyo, útiles y apropiados, para desarrollar debida y oportunamente las funciones y atribuciones que esta ley le confiere, atendido el número de concejales de la municipalidad.

Para ello, durante la primera sesión ordinaria, el alcalde someterá a la aprobación del concejo los medios a usar durante el período respectivo, debiendo este acuerdo formar parte del reglamento interno a que hace alusión el artículo 92, y ser publicado en la página web de la municipalidad, en concordancia con lo establecido en los artículos 2° y 7° de la ley N° 20.285, sobre Acceso a la Información Pública.

Asimismo, cada año la municipalidad, en concordancia con su disponibilidad financiera, podrá incorporar en el presupuesto municipal recursos destinados a financiar la capacitación de los concejales en materias relacionadas con gestión municipal.

TÍTULO IV
DE LA PARTICIPACIÓN CIUDADANA

Párrafo 1° De las instancias de participación

Artículo 93.- Cada municipalidad deberá establecer en una ordenanza las modalidades de participación de la ciudadanía local, teniendo en consideración las características singulares de cada comuna, tales como la configuración del territorio comunal, la localización de los asentamientos humanos, el tipo de actividades relevantes del quehacer comunal, la conformación etárea de la población y cualquier otro elemento que, en opinión de la municipalidad, requiera una expresión o representación específica dentro de la comuna y que al municipio le interese relevar para efectos de su incorporación en la discusión y definición de las orientaciones que deben regir la administración comunal.

D.F.L 1-19.704
ART. 93
D.O. 03.05.2002

Con todo, la ordenanza deberá contener una mención del tipo de las organizaciones que deben ser consultadas e informadas, como también las fechas o épocas en que habrán de efectuarse tales procesos. Asimismo, describirá los instrumentos y medios a través de los cuales se materializará la participación, entre los que podrán considerarse la elaboración de presupuestos participativos, consultas u otros.

Ley 20500
Art. 33 Nº 7
D.O. 16.02.2011

Artículo 94.- En cada municipalidad existirá un consejo comunal de organizaciones de la sociedad civil.

Ley 20500
Art. 33 Nº 8
D.O. 16.02.2011

Éste será elegido por las organizaciones comunitarias de carácter territorial y funcional, y por las organizaciones de interés público de la comuna. Asimismo, y en un porcentaje no superior a la tercera parte del total de sus miembros, podrán integrarse a aquellos representantes de asociaciones gremiales y organizaciones sindicales, o de otras actividades relevantes para el desarrollo económico, social y cultural de la comuna.

En ningún caso la cantidad de consejeros titulares podrá ser inferior al doble ni superior al triple de los concejales en ejercicio de la respectiva comuna.

El consejo comunal de organizaciones de la sociedad civil se reunirá a lo menos cuatro veces por año bajo la presidencia del alcalde.

Un reglamento, elaborado sobre la base de un reglamento tipo propuesto por la Subsecretaría de Desarrollo Regional y Administrativo que el alcalde respectivo someterá a la aprobación del concejo, determinará la integración, organización, competencia y funcionamiento del consejo comunal de organizaciones de la sociedad civil, como también la forma en que podrá autoconvocarse, cuando así lo solicite, por escrito, un tercio de sus integrantes. Dicho reglamento podrá ser modificado por los dos tercios de los miembros del Concejo, previo informe del consejo comunal de organizaciones de la sociedad civil.

Los consejeros durarán cuatro años en sus funciones. En ausencia del alcalde, el consejo será presidido por el vicepresidente que elija el propio consejo de entre sus miembros. El secretario municipal desempeñará la función de ministro de fe de dicho organismo.

Las sesiones del consejo serán públicas, debiendo consignarse en actas los asuntos abordados en sus reuniones y los acuerdos adoptados en las mismas. El secretario municipal mantendrá en archivo tales actas, así como los originales de la ordenanza de participación ciudadana y del reglamento del consejo, documentos que serán de carácter público.

El alcalde deberá informar al consejo acerca de los presupuestos de inversión, del plan comunal de desarrollo y sobre las modificaciones al plan regulador, el que dispondrá de quince días hábiles para formular sus observaciones.

Con todo, en el mes de mayo de cada año, el consejo deberá pronunciarse respecto de la cuenta pública del alcalde, sobre la cobertura y eficiencia de los servicios municipales, así como sobre las materias de relevancia comunal que hayan sido establecidas por el concejo, y podrá interponer el recurso de reclamación establecido en el Título final de la presente ley.

Ley 20742
Art. 1 N° 23
D.O. 01.04.2014

Asimismo, los consejeros deberán informar a sus respectivas organizaciones, en sesión especialmente convocada al efecto y con la debida anticipación para recibir consultas y opiniones, acerca de la propuesta de presupuesto y del plan comunal de desarrollo, incluyendo el plan de inversiones y las modificaciones al plan regulador, como también sobre cualquier otra materia relevante que les haya presentado el alcalde o el concejo.

Cada municipalidad deberá proporcionar los medios necesarios para el funcionamiento del consejo comunal de organizaciones de la sociedad civil.

Artículo 95.- Para ser miembro del consejo comunal de organizaciones de la sociedad civil se requerirá:

D.F.L 1-19.704
ART. 95
D.O. 03.05.2002

a) Tener 18 años de edad, con excepción de los representantes de organizaciones señalados en la Ley N° 19.418;

b) Tener un año de afiliación, como mínimo, a una organización del estamento, en caso que corresponda, en el momento de la elección;

Ley 20500
Art. 33 N° 9 a)
D.O. 16.02.2011

c) Ser chileno o extranjero avecindado en el país, y

d) No haber sido condenado por delito que merezca pena aflictiva.

LEY N° 19.806
ART. 22
D.O. 31.05.2002

La inhabilidad contemplada en la letra anterior quedará sin efecto una vez transcurrido el plazo contemplado en el artículo 105 del Código Penal, desde el cumplimiento de la respectiva pena.

Serán aplicables a los miembros del consejo comunal de organizaciones de la sociedad civil las inhabilidades e incompatibilidades que esta ley contempla para los miembros de los concejos.

Ley 20500
Art. 33 N° 9 a) y b)
D.O. 16.02.2011

Asimismo, serán incompatibles con los cargos de consejeros regionales, concejales y consejeros provinciales.

Artículo 96.- Las atribuciones municipales en materia de participación ciudadana dispuesta en los artículos anteriores, no obstan a la libre facultad de asociación que le corresponde a todos y a cada uno de los habitantes de la comuna, en cuyo ejercicio el conjunto de los habitantes o una parte de ellos, pueden darse las formas de organización que estimen más apropiadas para el desarrollo de sus intereses, con la sola limitación del pleno respeto a las leyes vigentes y al orden público.

D.F.L 1-19.704
ART. 96
D.O. 03.05.2002

Párrafo 2º De las audiencias públicas y la oficina de reclamos

Artículo 97.- Cada municipalidad deberá regular en la ordenanza municipal de participación a que se refiere el artículo 93 las audiencias públicas por medio de las cuales el alcalde y el concejo conocerán acerca de las materias que estimen de interés comunal, como asimismo las que no menos de cien ciudadanos de la comuna les planteen. Exceptúanse de esta exigencia las comunas de menos de 5.000 habitantes, en las que el concejo determinará el número de ciudadanos requirentes.

D.F.L 1-19.704
ART. 97
D.O. 03.05.2002

Sin perjuicio de la facultad reguladora del concejo, la solicitud de audiencia pública deberá acompañarse de las firmas de respaldo correspondientes, contener los fundamentos de la materia sometida a conocimiento del concejo y, además, deberá identificar a las personas que, en un número no superior a cinco, representarán a los requirentes en la audiencia pública que al efecto se determine.

Artículo 98.- Sin perjuicio de lo dispuesto en los artículos anteriores, cada municipalidad deberá habilitar y mantener en funcionamiento una oficina de informaciones, reclamos y sugerencias abierta a la comunidad. La ordenanza de participación establecerá un procedimiento público para el tratamiento de las presentaciones o reclamos, como asimismo los plazos en que el municipio deberá dar respuesta a ellos, los que, en ningún caso, serán superiores a treinta días, de acuerdo a las disposiciones contenidas en la ley Nº 19.880.

Ley 20500
Art. 33 Nº 10
D.O. 16.02.2011

D.F.L 1-19.704
ART. 98
D.O. 03.05.2005

La información y documentos municipales son públicos. En dicha oficina deberán estar disponibles, para quien los solicite, a lo menos los siguientes antecedentes:

a) El plan comunal de desarrollo, el presupuesto municipal, el plan de inversiones en infraestructura de movilidad y espacio público, en su caso, y el plan regulador comunal con sus correspondientes seccionales, incluyendo sus respectivos planos de detalle, y las políticas específicas.

Ley 20791
Art. 2 Nº 4
D.O. 29.10.2014

Ley 20958
Art. 3, N° 8
D.O. 15.10.2016

b) El reglamento interno, el reglamento de contrataciones y adquisiciones, la ordenanza de participación y todas las ordenanzas y resoluciones municipales.

c) Los convenios, contratos y concesiones.

d) Las cuentas públicas de los alcaldes en los últimos 3 años.

e) Los registros mensuales de gastos efectuados al menos en los últimos dos años.

Párrafo 3° De los plebiscitos comunales

Artículo 99.- El alcalde, con acuerdo del concejo, a requerimiento de los dos tercios de los integrantes en ejercicio del mismo y a solicitud de dos tercios de los integrantes en ejercicio del consejo comunal de organizaciones de la sociedad civil, ratificada por los dos tercios de los concejales en ejercicio, o por iniciativa de los ciudadanos habilitados para votar en la comuna, someterá a plebiscito las materias de administración local relativas a inversiones específicas de desarrollo comunal, a la aprobación o modificación del plan comunal de desarrollo, a la modificación del plan regulador o a otras de interés para la comunidad local, siempre que sean propias de la esfera de competencia municipal, de acuerdo con el procedimiento establecido en los artículos siguientes.

Ley 20500
Art. 33 N° 11
D.O. 16.02.2011

Ley 20568
Art. TERCERO N° 1
D.O. 31.01.2012

Artículo 100.- Para la procedencia del plebiscito a requerimiento de la ciudadanía, deberá concurrir con su firma, ante notario público u oficial del Registro Civil, a lo menos el 10% de los ciudadanos que sufragaron en la última elección municipal al 31 de diciembre del año anterior, debiendo acreditarse dicho porcentaje mediante certificación que expedirá el Director Regional del Servicio Electoral.

D.F.L 1-19.704
ART. 100
D.O. 03.05.2002

Ley 20568
Art. TERCERO N° 2
D.O. 31.01.2012

Artículo 101.- Dentro del décimo día de adoptado el acuerdo del concejo, de recepcionado oficialmente el requerimiento del concejo o de los ciudadanos en los términos del artículo anterior, el alcalde dictará un decreto para convocar a plebiscito. Dicho decreto se publicará, dentro de los quince días siguientes a su dictación, en el Diario Oficial y en un periódico de los de mayor circulación en la comuna. Asimismo, se difundirá mediante avisos fijados en la sede comunal y en otros lugares públicos.

Ley 20500
Art. 33 N° 12
D.O. 16.02.2011

El decreto contendrá la o las cuestiones sometidas a plebiscito. La votación plebiscitaria se celebrará ciento veinte días después de la publicación de dicho decreto si ese día correspondiere a un domingo. Si así no fuere, ella se realizará el domingo inmediatamente siguiente.

Ley 20568
Art. TERCERO Nº 3 a)
D.O. 31.01.2012

Los resultados del plebiscito serán vinculantes para la autoridad municipal, siempre que vote en él más del 50% de los ciudadanos habilitados para votar en la comuna.

Ley 20568
Art. TERCERO Nº 3 b)
D.O. 31.01.2012

INCISO SUPRIMIDO.-

Ley 20568
Art. TERCERO Nº 3 c)
D.O. 31.01.2012

En materia de plebiscitos municipales, no habrá lugar a propaganda electoral por televisión y no serán aplicables los preceptos contenidos en los artículos 31 y 31 bis de la Ley Orgánica Constitucional sobre Votaciones Populares y Escrutinios.

Artículo 102.- No podrá convocarse a plebiscito comunal durante el período comprendido entre los ocho meses anteriores a cualquier elección popular y los dos meses siguientes a ella.

D.F.L 1-19.704
ART. 102
D.O. 03.05.2002

Tampoco podrán celebrarse plebiscitos comunales dentro del mismo año en que corresponda efectuar elecciones municipales, ni sobre un mismo asunto más de una vez durante el respectivo periodo alcaldicio.

El Servicio Electoral y las municipalidades se coordinarán para la programación y realización de los plebiscitos, previamente a su convocatoria.

Artículo 103.- La convocatoria a plebiscito nacional o a elección extraordinaria de Presidente de la República, suspenderá los plazos de realización de los plebiscitos comunales, hasta la proclamación de sus resultados por el Tribunal Calificador de Elecciones.

D.F.L 1-19.704
ART. 103
D.O. 03.05.2002

Artículo 104.- La realización de los plebiscitos comunales, en lo que sea aplicable, se regulará por las normas establecidas en la Ley N° 18.700, Orgánica Constitucional sobre Votaciones Populares y Escrutinios, con excepción de lo dispuesto en el artículo 175 bis.

D.F.L 1-19.704
ART. 104
D.O. 03.05.2002

En todo caso, el costo de los plebiscitos comunales será de cargo de la municipalidad respectiva.

Ley 20965
Art. 1 Nº 10

D.O. 04.11.2016

TÍTULO IV A
DEL CONSEJO COMUNAL DE SEGURIDAD PÚBLICA Y EL PLAN COMUNAL DE SEGURIDAD PÚBLICA

Artículo 104 A.- En cada comuna existirá un consejo comunal de seguridad pública. Éste será un órgano consultivo del alcalde en materia de seguridad pública comunal y será, además, una instancia de coordinación interinstitucional a nivel local.

Ley 20965
Art. 1 N° 10
D.O. 04.11.2016

Artículo 104 B.- El consejo comunal de seguridad pública será presidido por el alcalde y lo integrarán, a lo menos, las siguientes personas:

Ley 20965
Art. 1 N° 10
D.O. 04.11.2016

a) El delegado presidencial regional o, en subsidio, el delegado presidencial provincial y, en defecto del segundo, el funcionario que el primero designe.

b) Dos concejales elegidos por el concejo municipal, en una votación única.

Ley 21073
Art. 10 N° 6 a)
D.O. 22.02.2018

c) El oficial o suboficial de Fila de Orden y Seguridad de Carabineros de Chile que ostente el más alto grado en la unidad policial territorial de mayor categoría con presencia en la comuna. En el caso de las comunas que tengan más de una comisaría, éste será designado por la prefectura correspondiente.

d) El oficial policial de la Policía de Investigaciones de Chile que ostente la mayor jerarquía de la respectiva unidad o quien éste designe, o el oficial policial designado por el Jefe de la Prefectura correspondiente en aquellas comunas que no sean asiento de unidad policial.

e) El fiscal adjunto de la fiscalía local correspondiente del Ministerio Público y en las comunas donde no tenga asiento una fiscalía local, el fiscal o abogado o asistente de fiscal que designe el respectivo fiscal regional.

f) Dos representantes del consejo comunal de organizaciones de la sociedad civil, elegidos por éste.

g) Un funcionario municipal que será designado por el alcalde como Secretario Ejecutivo del consejo.

En los casos en que exista el director de seguridad pública, de acuerdo a lo dispuesto en el artículo 16 bis, el alcalde deberá designarlo siempre como Secretario Ejecutivo.

h) Un representante de la repartición de Gendarmería de Chile que tenga a su cargo la vigilancia y orientación de las personas sujetas a penas sustitutivas a la reclusión domiciliadas en la comuna respectiva.

i) Un representante de la repartición del Servicio Nacional de Menores que tenga a su cargo la vigilancia y orientación de menores infractores de ley domiciliados en la comuna respectiva.

j) Un representante de la repartición del Servicio Nacional para la Prevención y Rehabilitación de Drogas y Alcohol que tenga injerencia dentro del territorio de la comuna respectiva.

En aquellas comunas en cuyo territorio existan pasos fronterizos, puertos o aeropuertos, el consejo será integrado, además, por un representante del Servicio Nacional de Aduanas y uno del Servicio Agrícola y Ganadero, designados por los respectivos directores regionales.

En aquellas comunas en que el porcentaje de ruralidad supere el 20% de la población, según los criterios establecidos por el Instituto Nacional de Estadísticas, el consejo será integrado, además, por un representante del Servicio Agrícola y Ganadero, designado en la forma señalada en el inciso anterior.

En aquellas comunas catalogadas como área turística de conformidad a lo dispuesto en el artículo 5 de la ley N° 20.423, el consejo será integrado, además, por un representante del Servicio Nacional de Turismo, designado por el director regional de ese organismo.

Asimismo, la asistencia y participación en el consejo a que se refiere este artículo de los funcionarios públicos y de los concejales mencionados en la letra

b) no otorgará derecho a dieta, emolumento o remuneración de ningún tipo o naturaleza.

Sin perjuicio de lo anterior, el consejo podrá invitar al juez de garantía con competencia sobre el territorio de la comuna correspondiente o a otras autoridades o funcionarios públicos o a representantes de organizaciones de la sociedad civil cuya opinión considere relevante para las materias que le corresponda abordar en una o más sesiones determinadas del consejo.

La Secretaría Municipal asumirá dentro del consejo el rol de ministro de fe, debiendo en dicho contexto levantar acta de todas las sesiones del consejo en la forma señalada por la ley.

El alcalde deberá informar a la Subsecretaría de Prevención del Delito y a la delegación presidencial regional correspondiente, dentro de los diez días siguientes a su designación, el funcionario que asumirá la Secretaría Ejecutiva del consejo comunal de seguridad pública. La Subsecretaría de Prevención del Delito y la delegación presidencial regional deberán llevar una nómina actualizada de las personas que ejercen dicha función.

Ley 21073
Art. 10 N° 6 b)
D.O. 22.02.2018

El quórum para sesionar será la mayoría de los miembros permanentes.

Artículo 104 C.- En los casos de aquellas comunas cuyo número de habitantes no supere los 5.000, dos o más de ellas podrán constituir un consejo intercomunal de seguridad pública, o bien alguna de ellas participar del consejo comunal de una comuna colindante de mayor número de habitantes.

Ley 20965
Art. 1 N° 10
D.O. 04.11.2016

Los consejos intercomunales estarán integrados de la siguiente forma:

a) El presidente del consejo, que será uno de los alcaldes de las comunas participantes, elegido entre éstos.

b) Los delegados presidenciales regionales de las respectivas comunas que conforman el consejo, o el funcionario que éstos designen para representarlos.

Ley 21073
Art. 10 N° 7
D.O. 22.02.2018

c) Los alcaldes de las demás comunas que conforman el consejo intercomunal.

d) Dos concejales designados por cada uno de los concejos municipales correspondientes a las comunas participantes.

e) Un funcionario municipal designado de común acuerdo por los alcaldes participantes como secretario ejecutivo del consejo.

En los casos en que exista en alguna de las comunas participantes un director de seguridad pública, de acuerdo a lo dispuesto en el artículo 16 bis, deberá designarse a éste como Secretario Ejecutivo. Si dos o más comunas participantes tuviesen director de seguridad pública, podrá ser cualquiera de ellos.

f) Un representante de cada una de las demás instituciones referidas en el artículo anterior, en la forma allí dispuesta.

Actuará como ministro de fe del consejo intercomunal el secretario municipal de la comuna de mayor número de habitantes.

En este caso, el plan comunal de seguridad pública deberá tener el mismo contenido que el señalado en el artículo 104 F, respecto de cada una de las comunas integrantes del consejo, además de señalar específicamente todas aquellas problemáticas que éstas compartan en materia de seguridad pública.

Artículo 104 D.- La presidencia del consejo comunal de seguridad pública será indelegable, sin perjuicio de lo dispuesto en el inciso primero del artículo 62.

Ley 20965
Art. 1 N° 10
D.O. 04.11.2016

En su calidad de presidente del consejo comunal de seguridad pública, el alcalde convocará a sesión ordinaria, como mínimo, una vez al mes y, en forma extraordinaria, cada vez que lo estime necesario. En cumplimiento de esta función, se deberá destinar cada semestre al menos una sesión del consejo para recoger la opinión de cada una de las instituciones que la integran acerca de las acciones concretas que las demás instituciones podrían realizar para mejorar la seguridad pública comunal y para dar cumplimiento a lo propuesto en el plan comunal de seguridad pública.

Lo expresado en el inciso primero se aplicará a él o los alcaldes del consejo constituido en los casos señalados en el artículo anterior que no ejerzan la presidencia del mismo.

Tratándose de las comunas de Juan Fernández e Isla de Pascua, territorios especiales según lo dispuesto en el artículo 126 bis de la Constitución Política de la República, las sesiones del consejo comunal de seguridad pública deberán celebrarse con la misma periodicidad indicada en el inciso segundo, pero únicamente con aquellas instituciones u organizaciones indicadas en el artículo 104 B que tengan asiento en la comuna. Sin perjuicio de lo anterior, el alcalde con acuerdo del consejo podrá requerir en casos calificados la presencia del resto de las instituciones u organizaciones, las cuales deberán concurrir cuando la disponibilidad presupuestaria y las condiciones climáticas y de traslado al momento de realizar el viaje lo permitan. En todo caso, las autoridades que no tengan asiento en dichas comunas deberán concurrir a tales consejos en al menos dos oportunidades durante el año, debiendo informar de ello al alcalde con al menos treinta días de anticipación.

Dentro de los diez días hábiles siguientes de celebrada una sesión del consejo comunal de seguridad pública, el alcalde deberá informar, mediante correo electrónico, o por otro medio de comunicación idóneo, expedido a través del ministro de fe del consejo, a la Subsecretaría de Prevención del Delito del Ministerio del Interior y Seguridad Pública y a la delegación presidencial regional respectiva, de la convocatoria y celebración de la misma, los temas tratados y los acuerdos adoptados, si los hubiere.

Ley 21073
Art. 10 N° 8

D.O. 22.02.2018

Artículo 104 E.- El consejo comunal de seguridad pública tendrá las siguientes funciones:

Ley 20965
Art. 1 N° 10
D.O. 04.11.2016

a) Efectuar, a petición del alcalde o del concejo municipal, el diagnóstico del estado de situación de la comuna en materia de seguridad pública, para cuyo fin podrá solicitar los antecedentes, datos o cualquier otra información global y pertinente a los organismos públicos o de la Administración del Estado con competencias en la materia, incluidas las Fuerzas de Orden y Seguridad Pública.

En el ejercicio de la función referida en esta letra, el consejo deberá asesorar al alcalde en la priorización de las acciones que deberán realizarse en la comuna, según factores tales como la frecuencia o gravedad de ciertos delitos o problemáticas en materia de seguridad que existan en el territorio del respectivo municipio.

b) Suministrar a través de sus integrantes los antecedentes e información necesarios de las instituciones que éstos representen y entregar opinión al alcalde para la elaboración del plan comunal de seguridad pública y su presentación al concejo municipal.

c) Emitir opinión respecto de las ordenanzas que, de conformidad a los artículos 12 y 65, letra k), se dicten en materias de convivencia vecinal y seguridad pública comunal, para lo cual el alcalde deberá solicitar su pronunciamiento en el plazo que este último establezca, el que no podrá ser menor a treinta días.

En caso que el consejo no se pronuncie respecto a estas ordenanzas, el alcalde citará a una sesión extraordinaria para que cumpla con dicha obligación dentro del plazo que éste determine, el que no podrá ser menor a quince días. Si el consejo nuevamente no se pronuncia en el plazo señalado, se continuará la tramitación de la ordenanza, prescindiendo de su opinión.

d) Efectuar el seguimiento y monitoreo de las medidas contempladas en el plan comunal de seguridad pública.

Siempre que el alcalde constate el incumplimiento reiterado e injustificado de alguno de los compromisos suscritos por los representantes de las instituciones del consejo en el marco del plan comunal de seguridad pública deberá oficiar de dicho incumplimiento al superior de su respectiva institución y a la Subsecretaría de Prevención del Delito.

e) Dar su opinión y apoyo técnico al diseño, implementación, ejecución y evaluación de los proyectos y acciones que se desarrollen en el marco del plan comunal de seguridad pública.

f) Constituirse en instancia de coordinación comunal, en materias de seguridad pública, de la municipalidad, el Ministerio del Interior y Seguridad Pública, las Fuerzas de Orden y Seguridad Pública y el Ministerio Público y demás miembros del consejo.

g) Emitir opinión, a petición del alcalde, del concejo municipal o del consejo de organizaciones de la sociedad civil, sobre cualquier materia relativa a su competencia que se someta a su conocimiento.

h) Realizar observaciones al plan comunal de seguridad pública que elabore el alcalde, previo a su presentación ante el concejo municipal. El consejo deberá pronunciarse especialmente sobre las metas, objetivos y medios de control de gestión que consten en el plan, y que deberán incorporar en el ejercicio de sus labores cada una de las instituciones participantes, en el ámbito de sus respectivas competencias.

i) Proponer medidas, acciones, objetivos y mecanismos de control de gestión, en el ámbito de sus respectivas competencias, los que en todo caso deberán ser coherentes con las directrices generales de las respectivas instituciones. Sin perjuicio de lo anterior, los consejeros deberán comprometer acciones concretas que la institución a la cual representan pueda desplegar dentro del territorio comunal durante la vigencia del plan comunal de seguridad pública, y que puedan colaborar a mejorar la seguridad pública municipal.

j) Cumplir las demás funciones determinadas por la ley.

Artículo 104 F.- El plan comunal de seguridad pública será el instrumento de gestión que fijará las orientaciones y las medidas que la municipalidad y los órganos y organismos señalados en el artículo 104 B dispongan en materia de seguridad pública a nivel comunal, sin perjuicio de las funciones y facultades que la Constitución y la ley confieren al Ministerio del Interior y Seguridad Pública, a las Fuerzas de Orden y Seguridad Pública y al Ministerio Público.

Ley 20965
Art. 1 N° 10
D.O. 04.11.2016

Este instrumento contendrá un diagnóstico de la situación de seguridad de cada comuna y establecerá objetivos, metas, acciones y mecanismos de control de gestión conforme a los compromisos que cada integrante del consejo comunal de seguridad pública realice, de acuerdo a su disponibilidad presupuestaria y en el ámbito de sus respectivas competencias.

Asimismo, en los objetivos y metas de dicho instrumento deberá contemplarse la priorización de ciertos delitos o problemáticas en materia de seguridad que afecten a la comuna sobre la base de factores tales como la frecuencia o gravedad del delito, para lo cual deberá considerarse lo obrado por el respectivo consejo, en virtud de la función señalada en la letra a) del artículo precedente.

Sin perjuicio de lo anterior, el plan comunal deberá considerar, a lo menos, las siguientes materias:

a) Medidas de prevención de conductas infractoras por parte de niñas, niños y adolescentes.

b) Medidas de prevención de deserción escolar y de reinserción de los escolares desertores.

c) Prevención y rehabilitación del consumo de drogas.

d) Fortalecimiento de la convivencia comunitaria.

e) Mejoramiento urbano en barrios vulnerables.

f) Prevención de la violencia intrafamiliar y violencia contra las mujeres.

g) Proyectos específicos para prevenir los delitos de mayor relevancia y ocurrencia en la comuna.

h) Otras materias de interés comunal en el área de la seguridad pública.

Para lo dispuesto en el inciso anterior, el alcalde deberá considerar la opinión que expongan en las sesiones del consejo comunal de seguridad pública los representantes de los organismos públicos o privados que tengan competencia en la materia, en virtud de lo dispuesto en el inciso quinto del artículo 104 B.

Las municipalidades, con el objeto de ejecutar los objetivos y metas relacionados con el plan comunal de seguridad pública, que sean de su competencia y que cuenten con el financiamiento respectivo, deberán llevar a cabo las acciones o medidas que correspondan en forma directa, o bien, a través de convenios celebrados con órganos públicos o privados, los que deberán adjuntarse al respectivo plan.

Asimismo, los órganos públicos sólo quedarán obligados al cumplimiento de las metas u objetivos a los cuales se hayan comprometido expresamente en el mencionado plan o en un convenio celebrado en virtud de lo establecido en el inciso anterior, y siempre que dichas metas u objetivos se encuentren dentro de la esfera de sus respectivas atribuciones legales.

Por su parte, respecto a las materias o problemáticas incorporadas en el plan comunal de seguridad pública que no sean de competencia de la municipalidad, de los órganos públicos participantes del consejo ni de ninguna otra entidad con la que se haya celebrado un convenio en virtud de lo establecido en el inciso sexto, la delegación presidencial regional respectiva, al momento de recibir el plan comunal, procederá a derivarlo a las instituciones competentes para evaluar su ejecución.

Ley 21073
Art. 10 N° 9 a)
D.O. 22.02.2018

La Subsecretaría de Prevención del Delito, en tanto, deberá dictar orientaciones técnicas y elaborar un formato de plan comunal de seguridad pública.

La vigencia de este último será de cuatro años, sin perjuicio de lo cual el alcalde, asesorado por el consejo comunal de seguridad pública, deberá actualizarlo anualmente. Las actualizaciones deberán contar con la aprobación del concejo municipal, de acuerdo a lo establecido en el artículo 82.

En todo caso, los planes comunales de seguridad pública deberán ser consistentes y estar debidamente coordinados con los instrumentos emanados del Ministerio del Interior y Seguridad Pública en este ámbito, en particular, con el Plan Nacional de Seguridad Pública y Prevención de la Violencia y el Delito.

Para los efectos señalados en el inciso anterior y de los artículos 13 y 16 de la ley N° 20.502, las municipalidades deberán remitir los respectivos planes comunales de seguridad pública, dentro de los diez días siguientes a su aprobación, a la Subsecretaría de Prevención del Delito del Ministerio del Interior y Seguridad Pública, al consejo regional de seguridad pública y al delegado presidencial regional.

Asimismo, dentro del mismo plazo señalado en el inciso anterior, las municipalidades deberán difundir los planes referidos a través de la página web municipal o por cualquier otro medio que asegure su debido conocimiento por parte de la comunidad.

TÍTULO V
DE LAS ELECCIONES MUNICIPALES

Artículo 105.- Para las elecciones municipales, en todo lo que no sea contrario a esta ley, regirán las disposiciones de la Ley Orgánica Constitucional sobre Votaciones Populares y Escrutinios, de la Ley Orgánica Constitucional de los Partidos Políticos y de la Ley Orgánica Constitucional sobre Sistema de Inscripciones Electorales y Servicio Electoral.

D.F.L 1-19.704
ART. 105
D.O. 03.05.2002

Artículo 106.- Las elecciones municipales se efectuarán cada cuatro años, el último domingo del mes de octubre.

D.F.L 1-19.704
ART. 106
D.O. 03.05.2002

Párrafo 1° De la presentación de candidaturas

Artículo 107.- Las candidaturas a alcaldes y concejales sólo podrán ser declaradas hasta las veinticuatro horas del nonagésimo día anterior a la fecha de la elección correspondiente. Tales declaraciones sólo podrán incluir hasta tantos candidatos como cargos corresponda elegir en la respectiva comuna o agrupación de comunas. Las candidaturas a alcalde y concejal son excluyentes entre sí. Una misma persona sólo podrá postular al cargo de alcalde o de concejal en una sola comuna.

D.F.L 1-19.704
ART. 107
D.O. 03.05.2002

LEY N° 19.958
ART. ÚNICO
N° 5 a)
D.O. 17.07.2004

La falsedad de cualquiera de los hechos aseverados en la declaración mencionada en el artículo 3° de la ley N° 18.700, o su omisión, producen la nulidad de la declaración de ese candidato y la de todos sus efectos legales posteriores, incluyendo su elección.

Ley 20568
Art. TERCERO N° 4 a)
D.O. 31.01.2012

En el caso que un alcalde postulare a su reelección o a su elección como concejal en su propia comuna, se procederá a su subrogación en conformidad con el inciso primero del artículo 62, desde los treinta días anteriores a la fecha de la elección y hasta el día siguiente de ella. En todo caso, durante el período señalado, el alcalde conservará su remuneración y la atribución de participar en las sesiones del concejo con derecho a voz y voto. Sin embargo, la presidencia del concejo sólo podrá ejercerla un concejal que no estuviere repostulando a dicho cargo o postulando al cargo de alcalde. Si hubiere más de uno en tal situación la presidencia le corresponderá a quien haya obtenido individualmente mayor votación ciudadana en la elección respectiva. Si todos los concejales estuvieren repostulando, la presidencia se decidirá por sorteo entre ellos.

LEY N° 19.958
ART. ÚNICO
N° 5 c)
D.O. 17.07.2004

Ley 20742
Art. 1 N° 24 a)
D.O. 01.04.2014

El pacto electoral regirá en todas las regiones del país en que uno o más de los partidos políticos integrantes del mismo se encuentren legalmente constituidos. Las declaraciones de candidaturas a alcalde y a concejales que presente un pacto electoral y los subpactos comprendidos en él, sólo podrán incluir candidatos de los partidos políticos que se encuentren legalmente constituidos en la respectiva región. Estas declaraciones deberán ser suscritas por los presidentes y secretarios generales de los partidos políticos que integren el pacto o subpacto electoral. El partido político que no suscribiere las declaraciones a las que se refiere este inciso se entenderá que se retira del pacto electoral, y no podrá celebrar otro, salvo con candidatos independientes. Asimismo, el partido político retirado del pacto no podrá declarar candidaturas en los lugares en que el pacto electoral del cual se retira haya celebrado elecciones primarias conforme a la ley N° 20.640.

Ley 20913

Art. 1
D.O. 02.04.2016

Ley 20914
Art. 1, N° 1
D.O. 05.04.2016

Ley 20568
Art. TERCERO N° 4 c)
D.O. 31.01.2012

En lo demás, las declaraciones de candidaturas se regirán por los artículos 3°, con excepción del inciso tercero para el caso de los concejales, 3° bis, con excepción de su inciso tercero, 4°, incisos segundo y siguientes, y 5° de la ley N° 18.700.

Las declaraciones de candidaturas de concejales deberán ser presentadas por los partidos políticos o pactos electorales en un solo acto respecto de cada comuna.

D.F.L 1-19.704
ART. 107 bis
D.O. 03.05.2002

LEY N° 19.958
ART. ÚNICO
N° 6 a)
D.O. 17.07.2004

Artículo 108.- Las candidaturas a alcalde podrán ser declaradas por un partido político, por un pacto de partidos, por un pacto entre un partido político e independientes, por un pacto de partidos e independientes, y por independientes.

Las candidaturas a alcalde declaradas sólo por independientes, se sujetarán a los porcentajes y formalidades establecidos en los artículos 112 y 113 de la presente ley.

LEY N° 19.958
ART. ÚNICO
N° 6 b)
D.O. 17.07.2004

Artículo 109.- En las elecciones de concejales un partido político podrá pactar con uno o varios partidos políticos, con independientes o con ambos.

LEY N° 19.958
ART. ÚNICO
N° 6 b)
D.O. 17.07.2004

Los partidos políticos que participen en un pacto electoral podrán subpactar entre ellos o con independientes, de acuerdo a las normas que sobre acumulación de votos de los candidatos se establecen en el artículo 124 de la presente ley, pudiendo excepcionalmente excluir en forma expresa, al momento de formalizarlo, la o las comunas en que no regirá dicho subpacto. Los subpactos estarán siempre integrados por los mismos partidos.

Los candidatos independientes que participen en un pacto electoral podrán subpactar entre ellos, con un subpacto de partidos integrantes el mismo o con un partido del pacto que no sea miembro de un subpacto de partidos. Asimismo, podrán subpactar con un partido integrante de un subpacto en la o las comunas expresamente excluidas de dicho subpacto. Para los efectos señalados, como para la declaración de candidaturas, los candidatos independientes actuarán por sí o por medio de mandatario designado especialmente para ello por escritura pública.

A la formalización de un subpacto electoral le serán aplicables, en lo pertinente, las normas de los incisos cuarto y quinto del artículo 3° bis de la Ley Orgánica Constitucional sobre Votaciones Populares y Escrutinios.

Los partidos políticos e independientes que así lo prefieran podrán subscribir un pacto electoral para la elección de alcaldes y un pacto electoral distinto para la elección de concejales.

Ley 20914
Art. 1, N° 2
D.O. 05.04.2016

Los pactos para la elección de concejales a que alude el inciso anterior sólo podrán ser conformados por uno o más partidos políticos o independientes que integren un mismo pacto electoral para la elección de alcaldes.

Artículo 110.- Las declaraciones de pactos electorales, de los subpactos que se acuerden, así como la o las comunas excluidas de los subpactos, deberán constar en un único instrumento y su entrega se formalizará en un solo acto ante el Director del Servicio Electoral, dentro del mismo plazo establecido en el artículo 107 y en forma previa a las declaraciones de candidaturas.

Ley 20568
Art. TERCERO N° 5
D.O. 31.01.2012

Artículo 111.- A los pactos y subpactos se les individualizará sólo con su nombre y a cada uno de los partidos políticos suscriptores con su nombre y símbolo, indicándose a continuación los nombres completos del candidato a alcalde o, en su caso, de los candidatos a concejales afiliados al respectivo partido. En el caso de declaraciones de partidos políticos, éstos se individualizarán con su nombre y símbolo.

D.F.L 1-19.704
ART. 110
D.O. 03.05.2002

LEY N° 19.958
ART. ÚNICO
N° 7 a)
D.O. 17.07.2004

En el caso de los independientes que forman parte de un pacto se les individualizará al final del respectivo pacto, bajo la denominación "independientes". Los independientes que, a su vez, formen parte de un subpacto, se les individualizará de la misma forma al final del respectivo subpacto.

LEY N° 19.958
ART. ÚNICO
N° 7 b)
D.O. 17.07.2004

Los subpactos entre independientes y entre éstos y partidos se individualizarán como tales.

Las declaraciones de candidaturas a alcalde y concejales de una misma lista o pacto deberán señalar expresamente el cargo al cual postulan los respectivos candidatos.

Artículo 112.- Las declaraciones de candidaturas independientes a alcalde o concejal deberán ser patrocinadas por un número no inferior al 0.5% de los electores que hayan sufragado en la votación popular más reciente en la comuna o agrupación de comunas respectiva.

D.F.L 1-19.704
ART. 111
D.O. 03.05.2002

En todo caso, entre los patrocinantes no se contabilizarán los correspondientes a afiliados a partidos políticos que superen el cinco por ciento del porcentaje mínimo que establece el inciso anterior.

La determinación del número mínimo necesario de patrocinantes la hará el Director del Servicio Electoral mediante resolución que se publicará en el sitio electrónico de ese Servicio con siete meses de anticipación, a lo menos, a la fecha en que deba realizarse la elección.

Ley 21311
Art. 2, Nº 2
D.O. 16.02.2021

Sin perjuicio de lo dispuesto en los incisos anteriores, los independientes que postulen integrando pactos o subpactos no requerirán de patrocinio.

Artículo 113.- El patrocinio de candidaturas independientes a alcalde o concejal deberá suscribirse ante un notario público de la respectiva comuna, por ciudadanos habilitados para votar en la misma. En aquellas comunas en donde no exista notario público, será competente para certificar el patrocinio el oficial del Registro Civil de la jurisdicción respectiva.

D.F.L 1-19.704
ART. 112
D.O. 03.05.2002

Ley 20568
Art. TERCERO Nº 6
D.O. 31.01.2012

No podrá figurar el mismo patrocinante en diversas declaraciones de candidaturas independientes. Si ello ocurriere, será válido solamente el patrocinio que figure en la primera declaración hecha ante el Servicio Electoral, y si se presentaren varias simultáneamente, no será válido en ninguna de ellas el patrocinio que se haya repetido.

No obstante, a los candidatos independientes que postulen integrando pactos o subpactos no les será aplicable lo dispuesto en los incisos anteriores.

Artículo 114.- Al tercer día de expirado el plazo para declarar candidaturas, el Director del Servicio Electoral procederá a efectuar el sorteo contemplado en el inciso segundo del artículo 23 de la Ley Nº 18.700, Orgánica Constitucional sobre Votaciones Populares y Escrutinios.

D.F.L 1-19.704
ART. 113
D.O. 03.05.2002

Párrafo 2º De las inscripciones de candidatos

Artículo 115.- El Director Regional del Servicio Electoral, dentro de los diez días siguientes a aquél en que venza el plazo para la declaración de candidaturas, deberá, mediante resolución que se publicará en un diario de los de mayor circulación en la región o provincia respectiva, aceptar o rechazar las que hubieren sido declaradas.

D.F.L 1-19.704
ART. 114
D.O. 03.05.2002

Ley 21311
Art. 2, N° 3
D.O. 16.02.2021

Los partidos políticos y los candidatos independientes podrán, dentro de los cinco días siguientes a la publicación de la referida resolución, reclamar de ella ante el tribunal electoral regional respectivo, el que deberá pronunciarse dentro de quinto día.

Artículo 116.- Dentro de los tres días siguientes al vencimiento del plazo para impugnar a que se refiere el artículo anterior o al fallo ejecutoriado del tribunal electoral regional, en su caso, el Director Regional del Servicio Electoral procederá a inscribir las candidaturas en un registro especial. Desde este momento, se considerará que los candidatos tienen la calidad de tales para todos los efectos legales.

D.F.L 1-19.704
ART. 115
D.O. 03.05.2002

En todo caso, el tribunal electoral regional deberá notificar sus resoluciones a los respectivos Directores Regionales del Servicio Electoral y a los patrocinantes de los reclamos tan pronto como las pronuncie.

Párrafo 3° Del escrutinio en las mesas receptoras de sufragio

Artículo 117.- Derogado.

Ley 20669
Art. 4 N° 1
D.O. 27.04.2013

Artículo 118.- Para los efectos del escrutinio general y de la calificación de las elecciones, contemplados en el párrafo siguiente, el secretario de la mesa receptora de sufragios remitirá al presidente del tribunal electoral regional el sobre a que se refieren los artículos 73 y 74 de la Ley Orgánica Constitucional sobre Votaciones Populares y Escrutinios. Asimismo, el secretario de la Junta Electoral remitirá al mismo tribunal los sobres con las actas de cuadros de los Colegios Escrutadores que hubieren funcionado en su jurisdicción.

D.F.L 1-19.704
ART. 116
D.O. 03.05.2002

Párrafo 4° Del escrutinio general y de la calificación de las elecciones

Artículo 119.- El escrutinio general y la calificación de las elecciones municipales serán practicados por los tribunales electorales regionales, en conformidad a los Títulos IV y V de la ley N° 18.700, orgánica constitucional sobre votaciones populares y escrutinios, teniendo, en cuanto les fueren aplicables, todas las facultades que se conceden al Tribunal Calificador de Elecciones.

Ley 20568
Art. TERCERO Nº 7
D.O. 31.01.2012

Las resoluciones que dicten los Tribunales Electorales Regionales, en el marco de la competencia que se les confiere por la presente ley, serán apelables para ante el Tribunal Calificador de Elecciones.

El plazo para comparecer en segunda instancia será el segundo día contado desde el respectivo certificado de ingreso. La resolución que proclame a los candidatos definitivamente electos no será susceptible de recurso alguno.

Sin perjuicio de lo establecido en los incisos precedentes, las instancias jurisdiccionales electorales deberán poner en conocimiento del Juzgado de Garantía competente aquellos hechos o circunstancias fundantes de la reclamación que, a su juicio, revistieren características de delito.

Artículo 120.- Para determinar los concejales elegidos, el tribunal electoral regional deberá seguir el procedimiento indicado en los artículos siguientes.

D.F.L 1-19.704
ART. 118
D.O. 03.05.2002

Artículo 121.- Se considerará que constituyen una lista, los pactos electorales, los partidos que participen en la elección sin formar parte de un pacto electoral y cada una de las candidaturas independientes que no formen parte de un pacto electoral.

Ley 20568
Art. TERCERO Nº 8
D.O. 31.01.2012

Para establecer los votos de lista, el tribunal sumará las preferencias emitidas a favor de cada uno de los candidatos de una misma lista.

D.F.L 1-19.704
ART. 119
D.O. 03.05.2002

Artículo 122.- Se determinará el cuociente electoral, para lo cual los votos de lista se dividirán sucesivamente por uno, dos, tres, cuatro, y así sucesivamente, hasta formar tantos cuocientes por cada lista como concejales corresponda elegir. Todos esos cuocientes se ordenarán en forma decreciente de mayor a menor y el que ocupe la posición ordinal correspondiente al número de concejales a elegir, será el cuociente electoral.

Ley 20568
Art. TERCERO Nº 9
D.O. 31.01.2012

Para determinar cuántos son los elegidos en cada lista se dividirá el total de votos de la lista por el cuociente electoral. Se considerará la parte entera del resultado de la división, sin aproximar y despreciando cualquiera fracción o decimal.

Artículo 123.- Para determinar los candidatos a concejales elegidos dentro de cada lista se observarán las siguientes reglas:

D.F.L 1-19.704
ART. 121

D.O. 03.05.2002

1) Si a una lista corresponde igual número de concejales que el de candidatos presentados, se proclamará elegidos a todos éstos.

2) Si el número de candidatos presentados es mayor que el de los concejales que a la lista corresponda, se proclamará elegidos a los que hubieren obtenido las más altas mayorías individuales, a menos que la lista corresponda a un pacto electoral, caso en el cual se aplicará la norma del artículo siguiente.

3) Si el número de candidatos presentados es inferior al de los concejales que a la lista le corresponde elegir, se proclamará elegidos a todos los candidatos de la lista, debiendo reasignar el cargo sobrante recalculando el número de cargos elegidos por las demás listas. Para ello se repetirá el cálculo del inciso segundo del artículo anterior, utilizando como cuociente electoral al cuociente que ocupe la posición ordinal que siga en el orden decreciente de los cuocientes determinados según el inciso primero del artículo anterior. Si fuesen más de uno los cargos sobrantes, para determinar el cuociente electoral, se avanzará en el orden decreciente de los cuocientes del inciso primero del artículo anterior, tantas posiciones ordinales como cargos sobrantes existan.

Ley 20568
Art. TERCERO N° 10
D.O. 31.01.2012

4) Si, dentro de una misma lista, un cargo correspondiere con igual derecho a dos o más candidatos, resultará elegido aquel que haya obtenido el mayor número de preferencias individuales y, en caso de que persista la igualdad, se procederá por el tribunal electoral regional al sorteo del cargo en audiencia pública.

5) Si el último cargo por llenar correspondiere con igual derecho a dos o más listas o candidaturas independientes, resultará elegido el candidato de la lista o independiente que haya obtenido mayor número de preferencias individuales y, en caso de que persista la igualdad, se procederá por el tribunal electoral regional al sorteo del cargo en audiencia pública.

Artículo 124.- Para determinar los candidatos elegidos en una lista que corresponda a un pacto electoral se procederá a sumar las preferencias de los candidatos incluidos en cada uno de los partidos o de los subpactos, según sea el caso.

Ley 20568
Art. TERCERO N° 11
D.O. 31.01.2012

Posteriormente, se repetirá el procedimiento descrito en el artículo 122, considerando para este efecto como si fueran una lista a cada uno de los integrantes del pacto electoral, ya sea que se trate de partidos, subpactos o candidatos independientes que no hubieran subpactado, según sea el caso, todo ello con el objeto de determinar el número de candidatos que elige cada integrante del pacto.

Ley 20669
Art. 4 N° 2
D.O. 27.04.2013

Determinado el número que elige cada integrante del pacto electoral, se repetirá el procedimiento descrito en el artículo 123, para determinar quiénes son los candidatos electos de cada integrante del pacto, considerando también para este efecto como si fueran una lista a cada uno de los integrantes del pacto electoral, ya sea que se trate de partidos, subpactos o candidatos independientes que no hubieran subpactado, según sea el caso.

Ley 20939
Art. ÚNICO Nº 1
D.O. 10.08.2016

No obstante lo dispuesto en los incisos precedentes, en el caso de una lista que consista en un pacto electoral suscrito entre un partido político y uno o más independientes, y siempre que en dicho pacto electoral no se incluyan subpactos, los candidatos tendrán igual derecho de preferencia dentro del pacto, proclamándose electos a las más altas mayorías considerando únicamente su votación individual.

Asimismo, en el caso de un subpacto que incluya candidatos de uno o más partidos e independientes, los candidatos tendrán igual derecho de preferencia dentro del subpacto, proclamándose electos a las más altas mayorías considerando únicamente su votación individual.

Artículo 125.- Las listas que incluyan pactos entre partidos políticos o subpactos podrán incluir una o más candidaturas independientes.

D.F.L 1-19.704
ART. 123
D.O. 03.05.2002

Artículo 126.- Para los efectos de lo dispuesto en los artículos precedentes, cada postulación o candidatura independiente, que no forme parte de un pacto, se considerará como si fuera una lista y tendrá el tratamiento propio de ésta.

Ley 20939
Art. ÚNICO Nº 2
D.O. 10.08.2016

D.F.L 1-19.704
ART. 124
D.O. 03.05.2002

Artículo 127.- Será elegido alcalde el candidato que obtenga la mayor cantidad de sufragios válidamente emitidos en la comuna, esto es, excluidos los votos en blanco y los nulos, según determine el tribunal electoral regional competente.

D.F.L 1-19.704
ART. 125
D.O. 03.05.2002

En caso de empate, el tribunal electoral regional respectivo, en audiencia pública y mediante sorteo, determinará al alcalde electo de entre los candidatos empatados.

Artículo 128.- Dentro de los dos días siguientes a aquél en que su fallo quede a firme, el tribunal electoral regional enviará una copia autorizada de la parte pertinente del mismo y el acta complementaria de proclamación, en lo que se refiera a las respectivas comunas, al delegado presidencial regional y al secretario municipal de cada una de las municipalidades de la provincia. Comunicará, al mismo tiempo, su proclamación a cada uno de los candidatos elegidos.

D.F.L 1-19.704
ART. 126
D.O. 03.05.2002

Ley 21073
Art. 10 N° 10
D.O. 22.02.2018

Una copia completa del fallo y de su acta complementaria se remitirá, además, por el presidente del tribunal electoral regional respectivo, al Ministro del Interior y al Director del Servicio Electoral, con el objeto de que tomen conocimiento del término del proceso electoral municipal.

TÍTULO VI
DE LAS CORPORACIONES, FUNDACIONES Y ASOCIACIONES MUNICIPALES

Ley 20527
Art. 1 N° 2
D.O. 06.09.2011

Párrafo 1° De las corporaciones y fundaciones municipales

Artículo 129.- Una o más municipalidades podrán constituir o participar en corporaciones o fundaciones de derecho privado, sin fines de lucro, destinadas a la promoción y difusión del arte, la cultura y el deporte, o el fomento de obras de desarrollo comunal y productivo.

D.F.L 1-19.704
ART. 127
D.O. 03.05.2002

Estas personas jurídicas se constituirán y regirán por las normas del Título XXXIII del Libro Primero del Código Civil, sin perjuicio de las disposiciones especiales contenidas en esta ley.

Artículo 130.- Las corporaciones y fundaciones a que se refiere este párrafo podrán formarse con una o más personas jurídicas de derecho privado o con otras entidades del sector público.

D.F.L 1-19.704
ART. 128
D.O. 03.05.2002

En todo caso, la creación o participación municipal en estas entidades deberá ser aprobada por el concejo.

Artículo 131.- Los cargos de directores de las corporaciones y fundaciones que constituyan las municipalidades no darán lugar a ningún emolumento por su desempeño.

D.F.L 1-19.704
ART. 129
D.O. 03.05.2002

No podrán ser directores o ejercer funciones de administración en las entidades a que se refiere el presente título, así como en las corporaciones establecidas con arreglo al Decreto con Fuerza de Ley N° 1-3.063, del año 1980, del Ministerio del Interior, el cónyuge del alcalde o de los concejales, así como sus parientes consanguíneos hasta el tercer grado inclusive, por afinidad hasta el segundo grado y las personas ligadas a ellos por adopción.

Asimismo, entre los fines artísticos y culturales que se proponga la entidad, en ningún caso se comprenderán la administración y la operación de establecimientos educacionales o de atención de menores.

Artículo 132.- Las municipalidades podrán otorgar aportes y subvenciones a las corporaciones y fundaciones de que formen parte, sin perjuicio de lo dispuesto en el artículo 65, letra g).

D.F.L 1-19.704
ART. 130
D.O. 03.05.2002

En ningún caso las municipalidades podrán caucionar compromisos contraídos por estas entidades.

Artículo 133.- Las corporaciones y fundaciones de participación municipal deberán rendir semestralmente cuenta documentada a las municipalidades respectivas acerca de sus actividades y del uso de sus recursos. Lo anterior será sin perjuicio de la fiscalización que pueda ejercer el concejo respecto del uso de los aportes o subvenciones municipales.

D.F.L 1-19.704
ART. 131
D.O. 03.05.2002

Artículo 134.- El personal que labore en las corporaciones y fundaciones de participación municipal se regirá por las normas laborales y previsionales del sector privado.

D.F.L 1-19.704
ART. 132
D.O. 03.05.2002

Artículo 135.- La fiscalización de estas entidades será efectuada por la unidad de control de la municipalidad, en lo referente a los aportes municipales que les sean entregados.

D.F.L 1-19.704
ART. 133
D.O. 03.05.2002

Artículo 136.- Sin perjuicio de lo establecido en los artículos 6° y 25 de la Ley N° 10.336, la Contraloría General de la República fiscalizará las corporaciones, fundaciones o asociaciones municipales, cualquiera sea su naturaleza y aquellas constituidas en conformidad a este título, con arreglo al Decreto con Fuerza de Ley N° 1-3.063, del año 1980, del Ministerio del Interior, o de acuerdo a cualquiera otra disposición legal, respecto del uso y destino de sus recursos, pudiendo disponer de toda la información que requiera para este efecto.

D.F.L 1-19.704
ART. 134
D.O. 03.05.2002

La unidad de control municipal respectiva tendrá, en los mismos términos, la facultad fiscalizadora respecto de estas entidades.

Párrafo 2° De las asociaciones de municipalidades

Artículo 137.- Dos o más municipalidades, pertenezcan o no a una misma provincia o región, podrán constituir asociaciones municipales, para los efectos de facilitar la solución de problemas que les sean comunes, o lograr el mejor aprovechamiento de los recursos disponibles, pudiendo dichas asociaciones gozar de personalidad jurídica de derecho privado, de acuerdo con las reglas establecidas en el Párrafo 3° del presente Título.

Ley 20527

Art. 1 N° 3
D.O. 06.09.2011

Las asociaciones podrán tener por objeto:
a) La atención de servicios comunes.
b) La ejecución de obras de desarrollo local.
c) El fortalecimiento de los instrumentos de gestión.

Ley 20965
Art. 1 N° 11
D.O. 04.11.2016

d) La realización de programas vinculados a la protección del medio ambiente, a la seguridad pública, al turismo, a la salud o a otros fines que les sean propios.

e) La capacitación y el perfeccionamiento del personal municipal, como también de alcaldes y concejales.

f) La coordinación con instituciones nacionales e internacionales, a fin de perfeccionar el régimen municipal.

Artículo 138.- Del mismo modo, las municipalidades podrán celebrar convenios para asociarse entre ellas sin requerir personalidad jurídica. Tales convenios deberán contemplar, entre otros aspectos, los siguientes:

Ley 20527
Art. 1 N° 4
D.O. 06.09.2011

a) La especificación de las obligaciones que asuman los respectivos asociados;

D.F.L 1-19.704
ART. 136
D.O. 03.05.2002

b) Los aportes financieros y demás recursos materiales que cada municipio proporcionará para dar cumplimiento a las tareas concertadas;

c) El personal que se dispondrá al efecto, y

d) El municipio que tendrá a su cargo la administración y dirección de los servicios que se presten u obras que se ejecuten.

Estos convenios deberán contar con el acuerdo de los respectivos concejos.

Artículo 139.- Los fondos necesarios para el funcionamiento de las asociaciones, en la parte que corresponda al aporte municipal, se consignarán en los presupuestos municipales respectivos. Los municipios asociados no podrán afianzar ni garantizar los compromisos financieros que las asociaciones contraigan y éstos no darán lugar a ninguna acción de cobro contra aquéllos.

D.F.L 1-19.704
ART. 137
D.O. 03.05.2002

Respecto del personal mencionado en la letra c) del artículo anterior, no regirá la limitación de tiempo para las comisiones de servicio que sea necesario ordenar, cuando se trate de personal municipal.

Artículo 140.- Ninguna corporación, fundación o asociación municipal, creada o que se cree en virtud de ésta u otras leyes, podrá contratar empréstitos.

D.F.L 1-19.704
ART. 138
D.O. 03.05.2002

Párrafo 3º De la personalidad jurídica de las Asociaciones Municipales

Artículo 141.- La constitución de una asociación será acordada por los alcaldes de las municipalidades interesadas, previo acuerdo de sus respectivos concejos, en asamblea que se celebrará ante un ministro de fe, debiendo actuar como tal el secretario municipal de alguna de tales municipalidades, o un notario público con sede en alguna de las comunas de las mismas.

Ley 20527
Art. 1 Nº 5
D.O. 06.09.2011

Las asociaciones municipales constituidas en conformidad a las normas de este párrafo deberán efectuar una solicitud de inscripción en el Registro que se llevará para tales efectos y depositar una copia autorizada reducida a escritura pública del acta de su asamblea constitutiva, de su directorio provisional y de sus estatutos, ante el Ministerio del Interior, a través de la Subsecretaría de Desarrollo Regional y Administrativo, dentro del plazo de treinta días contado desde la fecha de la asamblea.

Dentro del plazo de sesenta días, contado desde la fecha de la recepción de los documentos antes señalados, el Ministerio del Interior, a través de la Subsecretaría de Desarrollo Regional y Administrativo, podrá objetar la constitución de la asociación, si no se hubiere dado cumplimiento a los requisitos que la ley establece para su formación y para la aprobación de sus estatutos, todo lo cual será notificado por carta certificada al presidente del órgano directivo provisional de aquella.

La asociación deberá subsanar las observaciones efectuadas dentro del plazo de treinta días, contado desde su notificación. Si así no lo hiciere, se tendrá por no presentada su solicitud de inscripción en el Registro y los miembros de la directiva provisional responderán solidariamente por las obligaciones que la organización hubiese contraído en ese lapso.

Cumplido el procedimiento anterior, la Subsecretaría de Desarrollo Regional y Administrativo procederá a inscribir la organización en el Registro que llevará para tal efecto.

Transcurrido el plazo establecido en el inciso tercero, sin que la Subsecretaría de Desarrollo Regional y Administrativo hubiere objetado la constitución, la solicitud de inscripción se entenderá aprobada.

Las asociaciones municipales gozarán de personalidad jurídica por el solo hecho de haber efectuado el depósito y registro que se establece en el presente párrafo.

Dentro del plazo máximo de noventa días siguientes a la obtención de la personalidad jurídica, la organización deberá convocar a una asamblea extraordinaria, en la que se elegirá a su órgano directivo definitivo.

El directorio, que podrán integrar alcaldes y concejales, ejercerá la administración de la asociación, estará constituido por un mínimo de cinco miembros y deberá contemplar, a lo menos, los cargos de presidente, secretario y tesorero. La presidencia corresponderá a uno de los alcaldes de las municipalidades que componen la respectiva asociación. El presidente del directorio lo será también de la asociación y tendrá su representación judicial y extrajudicial.

Un reglamento establecerá las normas sobre asambleas, elección del directorio y demás órganos de la asociación, reforma de sus estatutos, derechos y obligaciones de sus miembros, registro de afiliados, aprobación del presupuesto y del plan de trabajo anual, disolución y demás disposiciones relativas a la organización, facultades y funcionamiento de las asociaciones que se constituyan en conformidad a las normas de este párrafo.

Artículo 142.- Existirá un Registro Único de Asociaciones Municipales con personalidad jurídica de derecho privado, a cargo de la Subsecretaría de Desarrollo Regional y Administrativo del Ministerio del Interior.

Ley 20527
Art. 1 Nº 5
D.O. 06.09.2011

Cualquiera asociación municipal podrá solicitar de la citada Subsecretaría el otorgamiento de un certificado que dé cuenta de su inscripción en el Registro.

La Subsecretaría de Desarrollo Regional y Administrativo mantendrá el Registro permanentemente actualizado, siendo accesible vía internet, en forma gratuita y sin exigencia de clave para el ingreso de los usuarios.

El reglamento señalará las demás disposiciones relativas a la forma, contenidos y modalidades de la información del Registro que sean indispensables para su correcta y cabal operación.

Artículo 143.- Los estatutos de las asociaciones municipales deberán contener, a lo menos, las siguientes estipulaciones:

Ley 20527
Art. 1 Nº 5
D.O. 06.09.2011

a) Nombre de la asociación.

b) Indicación de la comuna en que tendrá domicilio la asociación.

c) Finalidades y objetivos.

d) Derechos y obligaciones de sus miembros.

e) Órganos de dirección y de representación y sus respectivas atribuciones.

f) Tipo y número de asambleas que se realizarán durante el año, indicando las materias que en ellas podrán tratarse.

g) Procedimiento y quórum para reforma de estatutos y quórum para sesionar y adoptar acuerdos.

h) Normas sobre administración patrimonial y forma de fijar cuotas ordinarias y extraordinarias.

i) Indicación de la Contraloría Regional ante la cual harán entrega de su contabilidad.

j) Normas y procedimientos que regulen la disciplina interna, resguardando el debido proceso.

k) Forma y procedimiento de incorporación y de desafiliación a la asociación, debiendo constar en ambos casos el respectivo acuerdo de concejo municipal correspondiente.

l) Periodicidad con la que deben elegirse sus dirigentes, la que no podrá exceder de cuatro años.

m) Forma de liquidación.

Las asociaciones que se constituyan de conformidad al presente párrafo podrán acogerse a estatutos tipo que establecerá la Subsecretaría de Desarrollo Regional y Administrativo del Ministerio del Interior mediante resolución.

No podrá negarse el otorgamiento de la personalidad jurídica a las asociaciones municipales cuyos estatutos cumplan con los requisitos que la presente ley establece al efecto.

Artículo 144.- Las asociaciones deberán dar cumplimiento permanente a sus estatutos.

Ley 20527
Art. 1 Nº 5
D.O. 06.09.2011

El representante de la respectiva asociación deberá comunicar al Ministerio del Interior, a través de la Subsecretaría de Desarrollo Regional y Administrativo, dentro del plazo de 30 días, toda modificación que se introduzca a sus estatutos, domicilio legal o composición de los órganos directivos.

La Subsecretaría de Desarrollo Regional y Administrativo estará facultada para fiscalizar el cumplimiento de lo dispuesto en los incisos anteriores, para lo cual podrá solicitar, tanto a las asociaciones como a las municipalidades que las conformen, toda la información necesaria para verificar el cumplimiento de sus estatutos.

Artículo 145.- Las asociaciones municipales constituidas conforme a las disposiciones del presente párrafo dispondrán de patrimonio propio, que será gestionado de acuerdo a la voluntad mayoritaria de sus socios, y que estará formado por las cuotas de incorporación, cuotas ordinarias y cuotas extraordinarias, determinadas con arreglo a los estatutos; por donaciones; por el producto de bienes y servicios; por la venta de activos y por erogaciones, subvenciones y aportes provenientes de personas naturales o jurídicas, de las municipalidades, o entidades públicas, nacionales o internacionales; y, demás bienes que adquieran a su nombre.

Ley 20527
Art. 1 Nº 5
D.O. 06.09.2011

Con todo, sólo serán sujeto de subvenciones provenientes de entidades públicas nacionales, fondos concursables o todo otro aporte de recursos de esta naturaleza, aquellas asociaciones que se encuentren vigentes en el Registro Único de Asociaciones Municipales, establecido en el artículo 142.

Las municipalidades socias no podrán otorgar garantías reales, ni cauciones de ninguna especie, respecto de las obligaciones que puedan contraer las asociaciones a las que pertenezcan.

Artículo 146.- La disolución de una asociación de municipalidades deberá ser decidida por la mayoría absoluta de la Asamblea de socios, debiendo constar dicho acuerdo en un acta reducida a escritura pública, de la que deberá notificarse a la Subsecretaría de Desarrollo Regional y Administrativo, en el plazo de 30 días desde su fecha de suscripción.

Ley 20527
Art. 1 Nº 5
D.O. 06.09.2011

En este caso los bienes serán destinados al pago de obligaciones pendientes. De existir un remanente, luego de servir tales obligaciones, éste deberá restituirse a las municipalidades socias, a través de un procedimiento de liquidación establecido en el reglamento indicado en el artículo 141.

Artículo 147.- El personal que labore en las asociaciones municipales de que trata el presente párrafo se regirá por las normas laborales y previsionales del sector privado.

Ley 20527
Art. 1 Nº 5
D.O. 06.09.2011

Artículo 148.- A estas asociaciones les será aplicable, en forma supletoria, lo dispuesto en los artículos 549 a 558 del Código Civil.

Ley 20527
Art. 1 Nº 5
D.O. 06.09.2011

Artículo 149.- A las asociaciones municipales les serán aplicables tanto el principio de publicidad de la función pública, consagrado en el inciso segundo del artículo 8º de la Constitución Política de la República, como las normas de la Ley de Transparencia y de Acceso a la Información de la Administración del Estado, contenidas en el artículo 1º de la ley Nº 20.285.

Ley 20527
Art. 1 Nº 5
D.O. 06.09.2011

Artículo 150.- Sin perjuicio de lo dispuesto en el artículo 136, la Contraloría General de la República podrá ejercer sus facultades de fiscalización y control sobre las asociaciones municipales de que trata este párrafo, respecto de su patrimonio, cualquiera sea su origen.

Ley 20527
Art. 1 Nº 5
D.O. 06.09.2011

TÍTULO FINAL

LEY Nº 20.033
ART. 5º Nº 14
D.O. 01.07.2005

Artículo 151.- Los reclamos que se interpongan en contra de las resoluciones u omisiones ilegales de la municipalidad se sujetarán a las reglas siguientes:

D.F.L 1-19.704
ART. 140
D.O. 03.05.2002

a) Cualquier particular podrá reclamar ante el alcalde contra sus resoluciones u omisiones o las de sus funcionarios, que estime ilegales, cuando éstas afecten el interés general de la comuna. Este reclamo deberá entablarse dentro del plazo de treinta días, contado desde la fecha de publicación del acto impugnado, tratándose de resoluciones, o desde el requerimiento de las omisiones;

Ley 20527
Art. 1 Nº 5
D.O. 06.09.2011

Ley 20500
Art. 33 Nº 13
D.O. 16.02.2011

b) El mismo reclamo podrán entablar ante el alcalde los particulares agraviados por toda resolución u omisión de funcionarios, que estimen ilegales, dentro del plazo señalado en la letra anterior, contado desde la notificación administrativa de la resolución reclamada o desde el requerimiento, en el caso de las omisiones;

c) Se considerará rechazado el reclamo si el alcalde no se pronunciare dentro del término de quince días, contado desde la fecha de su recepción en la municipalidad;

d) Rechazado el reclamo en la forma señalada en la letra anterior o por resolución fundada del alcalde, el afectado podrá reclamar, dentro del plazo de quince días, ante la corte de apelaciones respectiva.

El plazo señalado en el inciso anterior se contará, según corresponda, desde el vencimiento del término indicado en la letra c) precedente, hecho que deberá certificar el secretario municipal, o desde la notificación que éste hará de la resolución del alcalde que rechace el reclamo, personalmente o por cédula dejada en el domicilio del reclamante.

El reclamante señalará en su escrito, con precisión, el acto u omisión objeto del reclamo, la norma legal que se supone infringida, la forma como se ha producido la infracción y, finalmente, cuando procediere, las razones por las cuales el acto u omisión le perjudican;

e) La corte podrá decretar orden de no innovar cuando la ejecución del acto impugnado le produzca un daño irreparable al recurrente;

f) La corte dará traslado al alcalde por el término de diez días. Evacuado el traslado o teniéndosele por evacuado en rebeldía, la corte podrá abrir un término de prueba, si así lo estima necesario, el que se regirá por las reglas de los incidentes que contempla el Código de Procedimiento Civil;

LEY Nº 19.806
ART. 22
D.O. 31.05.2002

g) Vencido el término de prueba, se remitirán los autos al fiscal judicial para su informe y a continuación se ordenará traer los autos en relación. La vista de esta causa gozará de preferencia;

h) La corte, en su sentencia, si da lugar al reclamo, decidirá u ordenará, según sea procedente, la anulación total o parcial del acto impugnado; la dictación de la resolución que corresponda para subsanar la omisión o reemplazar la resolución anulada; la declaración del derecho a los perjuicios, cuando se hubieren solicitado, y el envío de los antecedentes al Ministerio Público, cuando estimare que la infracción pudiere ser constitutiva de delito, e

LEY Nº 19.806
ART. 22
D.O. 31.05.2002

i) Cuando se hubiere dado lugar al reclamo, el interesado podrá presentarse a los tribunales ordinarios de justicia para demandar, conforme a las reglas del juicio sumario, la indemnización de los perjuicios que procedieren y ante el Ministerio Público, la investigación criminal que correspondiere. En ambos casos, no podrá discutirse la ilegalidad ya declarada.

LEY Nº 19.806
ART. 22
D.O. 31.05.2002

Artículo 152.- Las municipalidades incurrirán en responsabilidad por los daños que causen, la que procederá principalmente por falta de servicio.

D.F.L 1-19.704
ART. 141
D.O. 03.05.2002

Ley 20527
Art. 1 Nº 5
D.O. 06.09.2011

No obstante, las municipalidades tendrán derecho a repetir en contra del funcionario que hubiere incurrido en falta personal.

Artículo 153.- Los plazos de días establecidos en esta ley serán de días hábiles.

D.F.L 1-19.704
ART. 142
D.O. 03.05.2002

No obstante, los plazos de días establecidos en los artículos 62 y 82, letra c), así como en el Título V "De las elecciones municipales", serán de días corridos.

D.F.L 1-19.704
ART. 143
D.O. 03.05.2002

Artículo 154.- Derógase el Decreto Ley Nº 1.289, de 1975.

Artículo 155.- Instalada una nueva municipalidad, el o los municipios originarios le traspasarán en el plazo de seis meses, los servicios municipales y sus establecimientos o sedes, ubicados en el territorio comunal que estén a su cargo en virtud de las normas que estableció el Decreto con Fuerza de Ley Nº 1-3.063, de 1980, del Ministerio del Interior.

Ley 20527
Art. 1 Nº 5
D.O. 06.09.2011

D.F.L 1-19.704
ART. 144
D.O. 03.05.2002

Artículo 156.- El traspaso de los servicios municipales y sus establecimientos o sedes se efectuará en forma definitiva, mediante la celebración de un convenio entre las respectivas municipalidades, el cual deberá considerar entre otros los siguientes aspectos:

Ley 20527
Art. 1 Nº 5
D.O. 06.09.2011

– Descripción detallada del servicio que tome a su cargo la nueva municipalidad, precisando los derechos y obligaciones que el ministerio correspondiente señaló a la municipalidad originaria.

D.F.L 1-19.704
ART. 145
D.O. 03.05.2002

– Individualización de los activos muebles e inmuebles que se traspasen.

Respecto de los inmuebles, deberán identificarse y expresarse todas las menciones exigidas por la ley y reglamentación respectiva para la inscripción de los bienes en los registros pertinentes. En el evento de considerarse el traspaso de vehículos motorizados, deberá cumplirse con similar exigencia para su debida identificación.

Ley 20527
Art. 1 Nº 5
D.O. 06.09.2011

– Nómina y régimen del personal que se traspasa de municipalidad señalando, entre otros antecedentes, nombre, función que realiza, antigüedad en el servicio, lugar de desempeño, situación previsional y remuneración.

- El vínculo laboral a que esté afecto el personal que se traspase de conformidad a la ley se mantendrá vigente con la nueva municipalidad empleadora, sin solución de continuidad, no afectando los derechos y obligaciones que de él emanan.

El convenio deberá ser sancionado por decreto de los respectivos alcaldes. El traspaso regirá desde el primer día del mes siguiente al de la fecha del decreto alcaldicio de la municipalidad derivada.

DISPOSICIONES TRANSITORIAS

Artículo 1º.- El personal que preste servicios en las municipalidades continuará afecto a las normas estatutarias actualmente en vigor hasta la dictación de los preceptos a que se refiere el artículo 40 de esta ley.

D.F.L 1-19.704
ART. 1° Transitorio
D.O. 03.05.2002

Asimismo, seguirán siendo aplicables a dicho personal las normas previsionales que lo rigen en la actualidad.

Artículo 2º.- Mientras no se dicte la ley a que se refiere el artículo 126, inciso primero, de la Constitución Política, las cuestiones de competencia que se susciten entre municipalidades de una misma provincia serán resueltas por el delegado presidencial provincial respectivo y aquellas que se produzcan entre municipalidades pertenecientes a distintas provincias, por el delegado presidencial regional que corresponda.

D.F.L 1-19.704
ART. 2° Transitorio
D.O. 03.05.2002

Ley 21073
Art. 10 N° 11
D.O. 22.02.2018

Artículo 3º.- Para los efectos de lo dispuesto en el artículo 19 de esta ley, en tanto no se apruebe un nuevo censo de habitantes, se aplicará el censo efectuado en 1982, y en el caso de creación de comunas nuevas o traspaso de territorios efectuados con posterioridad a dicho censo, se considerará la población que señale el informe oficial que emita el Instituto Nacional de Estadísticas.

D.F.L 1-19.704
ART. 3° Transitorio
D.O. 03.05.2002

Artículo 4°.- En aquellas municipalidades pertenecientes a las regiones declaradas zonas de catástrofe, en conformidad al decreto supremo N° 150, de 2010, del Ministerio del Interior, el plazo a que se refiere el inciso primero del artículo 67 de esta ley se extenderá hasta el 31 de agosto de 2010.

Ley 20439
Art. ÚNICO
D.O. 30.04.2010

Artículo 5º.- La ordenanza a que alude el artículo 93 y el reglamento señalado en el artículo 94 deberán dictarse dentro del plazo de 180 días siguientes a la fecha de publicación de la presente ley.

Ley 20500
Art. 33 Nº 14
D.O. 16.02.2011

Los consejos comunales de organizaciones de la sociedad civil deberán quedar instalados en el plazo de 60 días, contado desde la fecha de publicación del reglamento mencionado en el inciso precedente.

Artículo 6º.- No obstante lo dispuesto en el artículo 106, la próxima elección municipal se realizará el día domingo 23 de octubre de 2016.

Ley 20873
Art. ÚNICO
D.O. 02.11.2015

Artículo 7º.- El alcalde deberá convocar a la primera sesión del consejo comunal de seguridad pública dentro del plazo de noventa días contado desde la publicación de la presente ley.

Ley 20965
Art. 1 Nº 12
D.O. 04.11.2016

Las obligaciones relativas al plan comunal de seguridad pública, en tanto, deberán cumplirse dentro de los ciento ochenta días siguientes a la total tramitación del acto administrativo que apruebe un convenio celebrado entre el municipio y la Subsecretaría de Prevención del Delito, el cual podrá generar transferencias de recursos para dicho plan, conforme a la disponibilidad presupuestaria de esta última institución. Deberá dejarse expresa constancia en este convenio que su aprobación traerá aparejado el cumplimiento de las obligaciones referidas en el presente inciso.

Asimismo, los convenios referidos en el inciso anterior podrán transferir recursos, con el objeto de que el municipio disponga de una persona para que desempeñe las funciones establecidas en el artículo 16 bis, cuando no cuente con disponibilidad presupuestaria inmediata para proveerlo.

Sin perjuicio de lo anterior, las municipalidades podrán someterse voluntariamente a las obligaciones relativas al plan comunal de seguridad pública antes de la celebración del convenio referido en el inciso segundo. Para esto, deberán dictar un decreto alcaldicio que así lo determine, debiendo el alcalde presentar el primer plan comunal de seguridad pública dentro de los ciento ochenta días siguientes a su dictación.

Con todo, sólo se procederá a la suscripción de los convenios referidos en el inciso segundo, o a la incorporación voluntaria mediante decreto alcaldicio señalada en el inciso anterior, una vez que se publique la resolución de la Subsecretaría de Prevención del Delito que aprueba las orientaciones técnicas y el formato de plan comunal de seguridad pública a que hace referencia el artículo 104 F, en el plazo de noventa días siguientes a la publicación de la ley.

La Ley de Presupuestos del Sector Público anualmente indicará los montos a transferir en virtud de los convenios celebrados entre la Subsecretaría de Prevención del Delito y los municipios en el marco de esta ley, en comunas que se seleccionarán en base a criterios objetivos.

Artículo 8º.- El encargado de la Unidad de Gestión del Riesgo de Desastres a que alude el artículo 26 ter se financiará con recursos municipales o, en caso de no existir el cargo en el municipio, se financiará a profesionales o técnicos de nivel superior para desempeñar labores que fortalezcan la aplicación de los Instrumentos de Gestión del Riesgo de Desastres, que contempla la ley que establece el Sistema Nacional Prevención y Respuesta ante Desastres, como parte del convenio a que se refiere el artículo 41 de dicha ley.

Ley 21364
Art. 45 N° 5

D.O. 07.08.2021

Anótese, tómese razón y publíquese.- Andrés Zaldívar Larraín, Vicepresidente de la República.-

Felipe Harboe Bascuñán, Ministro del Interior (S).

Lo que transcribo a usted para su conocimiento.- Saluda a usted, Claudia Serrano Madrid, Subsecretaria de Desarrollo Regional y Administrativo.

LEY NÚM. 20.527 | MODIFICA LA LEY Nº 18.695, ORGÁNICA CONSTITUCIONAL DE MUNICIPALIDADES Y REGULA LAS ASOCIACIONES MUNICIPALES

MINISTERIO DEL INTERIOR Y SEGURIDAD PÚBLICA; SUBSECRETARÍA DE DESARROLLO REGIONAL Y ADMINISTRATIVO

Publicación: 06-SEP-2011 | Promulgación: 12-AGO-2011

Versión: Única De: 06-SEP-2011 Url Corta: https://bcn.cl/2ffa3

Teniendo presente que el H. Congreso Nacional ha dado su aprobación al siguiente:

Proyecto de ley:

Artículo 1º.- Introdúcense las siguientes modificaciones en la ley Nº 18.695, Orgánica Constitucional de Municipalidades, cuyo texto refundido, coordinado, sistematizado y actualizado fue fijado por el decreto con fuerza de ley Nº 1, de 2006, del Ministerio del Interior:

1) Introdúcense las siguientes modificaciones en la letra j) del artículo 79:

a) Reemplázase la conjunción "o", que sigue a la palabra "corporaciones", por una coma (,).

b) Intercálase, a continuación de la palabra "fundaciones", la expresión "o asociaciones".

2) Sustitúyese el inciso primero del artículo 129, por el siguiente:

"Artículo 129.- Una o más municipalidades podrán constituir o participar en corporaciones o fundaciones de derecho privado, sin fines de lucro, destinadas a la promoción y difusión del arte, la cultura y el deporte, o el fomento de obras de desarrollo comunal y productivo.".

3) Reemplázase el actual artículo 137, por el siguiente:

"Artículo 137.- Dos o más municipalidades, pertenezcan o no a una misma provincia o región, podrán constituir asociaciones municipales, para los efectos de facilitar la solución de problemas que les sean comunes, o lograr el mejor aprovechamiento de los recursos disponibles, pudiendo dichas asociaciones gozar de personalidad jurídica de derecho privado, de acuerdo con las reglas establecidas en el Párrafo 3º del presente Título.

Las asociaciones podrán tener por objeto:

a) La atención de servicios comunes.

b) La ejecución de obras de desarrollo local.

c) El fortalecimiento de los instrumentos de gestión.

d) La realización de programas vinculados a la protección del medio ambiente, al turismo, a la salud o a otros fines que les sean propios.

e) La capacitación y el perfeccionamiento del personal municipal, como también de alcaldes y concejales.

f) La coordinación con instituciones nacionales e internacionales, a fin de perfeccionar el régimen municipal.".

4) Sustitúyese el encabezamiento del inciso primero del artículo 138, por el siguiente:

"Artículo 138.- Del mismo modo, las municipalidades podrán celebrar convenios para asociarse entre ellas sin requerir personalidad jurídica. Tales convenios deberán contemplar, entre otros aspectos, los siguientes:".

5) Incorpórase, a continuación del artículo 140, el siguiente Párrafo 3º, compuesto por los artículos 141 a 150, pasando los actuales artículos 141 a 146, a ser artículos 151 a 156, respectivamente:

"Párrafo 3º

De la personalidad jurídica de las Asociaciones Municipales

Artículo 141.- La constitución de una asociación será acordada por los alcaldes de las municipalidades interesadas, previo acuerdo de sus respectivos concejos, en asamblea que se celebrará ante un ministro de fe, debiendo actuar como tal el secretario municipal de alguna de tales municipalidades, o un notario público con sede en alguna de las comunas de las mismas.

Las asociaciones municipales constituidas en conformidad a las normas de este párrafo deberán efectuar una solicitud de inscripción en el Registro que se llevará para tales efectos y depositar una copia autorizada reducida a escritura pública del acta de su asamblea constitutiva, de su directorio provisional y de sus estatutos, ante el Ministerio del Interior, a través de la Subsecretaría de Desarrollo Regional y Administrativo, dentro del plazo de treinta días contado desde la fecha de la asamblea.

Dentro del plazo de sesenta días, contado desde la fecha de la recepción de los documentos antes señalados, el Ministerio del Interior, a través de la Subsecretaría de Desarrollo Regional y Administrativo, podrá objetar la constitución de la asociación, si no se hubiere dado cumplimiento a los requisitos que la ley establece para su formación y para la aprobación de sus estatutos, todo lo cual será notificado por carta certificada al presidente del órgano directivo provisional de aquella.

La asociación deberá subsanar las observaciones efectuadas dentro del plazo de treinta días, contado desde su notificación. Si así no lo hiciere, se tendrá por no presentada su solicitud de inscripción en el Registro y los miembros de la directiva provisional responderán solidariamente por las obligaciones que la organización hubiese contraído en ese lapso.

Cumplido el procedimiento anterior, la Subsecretaría de Desarrollo Regional y Administrativo procederá a inscribir la organización en el Registro que llevará para tal efecto.

Transcurrido el plazo establecido en el inciso tercero, sin que la Subsecretaría de Desarrollo Regional y Administrativo hubiere objetado la constitución, la solicitud de inscripción se entenderá aprobada.

Las asociaciones municipales gozarán de personalidad jurídica por el solo hecho de haber efectuado el depósito y registro que se establece en el presente párrafo.

Dentro del plazo máximo de noventa días siguientes a la obtención de la personalidad jurídica, la organización deberá convocar a una asamblea extraordinaria, en la que se elegirá a su órgano directivo definitivo.

El directorio, que podrán integrar alcaldes y concejales, ejercerá la administración de la asociación, estará constituido por un mínimo de cinco miembros y deberá contemplar, a lo menos, los cargos de presidente, secretario y tesorero. La presidencia corresponderá a uno de los alcaldes de las municipalidades que componen la respectiva asociación. El presidente del directorio lo será también de la asociación y tendrá su representación judicial y extrajudicial.

Un reglamento establecerá las normas sobre asambleas, elección del directorio y demás órganos de la asociación, reforma de sus estatutos, derechos y obligaciones de sus miembros, registro de afiliados, aprobación del presupuesto y del plan de trabajo anual, disolución y demás disposiciones relativas a la organización, facultades y funcionamiento de las asociaciones que se constituyan en conformidad a las normas de este párrafo.

Artículo 142.- Existirá un Registro Único de Asociaciones Municipales con personalidad jurídica de derecho privado, a cargo de la Subsecretaría de Desarrollo Regional y Administrativo del Ministerio del Interior.

Cualquiera asociación municipal podrá solicitar de la citada Subsecretaría el otorgamiento de un certificado que dé cuenta de su inscripción en el Registro.

La Subsecretaría de Desarrollo Regional y Administrativo mantendrá el Registro permanentemente actualizado, siendo accesible vía internet, en forma gratuita y sin exigencia de clave para el ingreso de los usuarios.

El reglamento señalará las demás disposiciones relativas a la forma, contenidos y modalidades de la información del Registro que sean indispensables para su correcta y cabal operación.

Artículo 143.- Los estatutos de las asociaciones municipales deberán contener, a lo menos, las siguientes estipulaciones:

a) Nombre de la asociación.

b) Indicación de la comuna en que tendrá domicilio la asociación.

c) Finalidades y objetivos.

d) Derechos y obligaciones de sus miembros.

e) Órganos de dirección y de representación y sus respectivas atribuciones.

f) Tipo y número de asambleas que se realizarán durante el año, indicando las materias que en ellas podrán tratarse.

g) Procedimiento y quórum para reforma de estatutos y quórum para sesionar y adoptar acuerdos.

h) Normas sobre administración patrimonial y forma de fijar cuotas ordinarias y extraordinarias.

i) Indicación de la Contraloría Regional ante la cual harán entrega de su contabilidad.

j) Normas y procedimientos que regulen la disciplina interna, resguardando el debido proceso.

k) Forma y procedimiento de incorporación y de desafiliación a la asociación, debiendo constar en ambos casos el respectivo acuerdo de concejo municipal correspondiente.

l) Periodicidad con la que deben elegirse sus dirigentes, la que no podrá exceder de cuatro años.

m) Forma de liquidación.

Las asociaciones que se constituyan de conformidad al presente párrafo podrán acogerse a estatutos tipo que establecerá la Subsecretaría de Desarrollo Regional y Administrativo del Ministerio del Interior mediante resolución.

No podrá negarse el otorgamiento de la personalidad jurídica a las asociaciones municipales cuyos estatutos cumplan con los requisitos que la presente ley establece al efecto.

Artículo 144.- Las asociaciones deberán dar cumplimiento permanente a sus estatutos.

El representante de la respectiva asociación deberá comunicar al Ministerio del Interior, a través de la Subsecretaría de Desarrollo Regional y Administrativo, dentro del plazo de 30 días, toda modificación que se introduzca a sus estatutos, domicilio legal o composición de los órganos directivos.

La Subsecretaría de Desarrollo Regional y Administrativo estará facultada para fiscalizar el cumplimiento de lo dispuesto en los incisos anteriores, para lo cual podrá solicitar, tanto a las asociaciones como a las municipalidades que las conformen, toda la información necesaria para verificar el cumplimiento de sus estatutos.

Artículo 145.- Las asociaciones municipales constituidas conforme a las disposiciones del presente párrafo dispondrán de patrimonio propio, que será gestionado de acuerdo a la voluntad mayoritaria de sus socios, y que estará formado por las cuotas de incorporación, cuotas ordinarias y cuotas extraordinarias, determinadas con arreglo a los estatutos; por donaciones; por el producto de bienes y servicios; por la venta de activos y por erogaciones, subvenciones y aportes provenientes de personas naturales o jurídicas, de las municipalidades, o entidades públicas, nacionales o internacionales; y, demás bienes que adquieran a su nombre.

Con todo, sólo serán sujeto de subvenciones provenientes de entidades públicas nacionales, fondos concursables o todo otro aporte de recursos de esta naturaleza, aquellas asociaciones que se encuentren vigentes en el Registro Único de Asociaciones Municipales, establecido en el artículo 142.

Las municipalidades socias no podrán otorgar garantías reales, ni cauciones de ninguna especie, respecto de las obligaciones que puedan contraer las asociaciones a las que pertenezcan.

Artículo 146.- La disolución de una asociación de municipalidades deberá ser decidida por la mayoría absoluta de la Asamblea de socios, debiendo constar dicho acuerdo en un acta reducida a escritura pública, de la que deberá notificarse a la Subsecretaría de Desarrollo Regional y Administrativo, en el plazo de 30 días desde su fecha de suscripción.

En este caso los bienes serán destinados al pago de obligaciones pendientes. De existir un remanente, luego de servir tales obligaciones, éste deberá restituirse a las municipalidades socias, a través de un procedimiento de liquidación establecido en el reglamento indicado en el artículo 141.

Artículo 147.- El personal que labore en las asociaciones municipales de que trata el presente párrafo se regirá por las normas laborales y previsionales del sector privado.

Artículo 148.- A estas asociaciones les será aplicable, en forma supletoria, lo dispuesto en los artículos 549 a 558 del Código Civil.

Artículo 149.- A las asociaciones municipales les serán aplicables tanto el principio de publicidad de la función pública, consagrado en el inciso segundo del artículo 8º de la Constitución Política de la República, como las normas de la Ley de Transparencia y de Acceso a la Información de la Administración del Estado, contenidas en el artículo 1º de la ley Nº 20.285.

Artículo 150.- Sin perjuicio de lo dispuesto en el artículo 136, la Contraloría General de la República podrá ejercer sus facultades de fiscalización y control sobre las asociaciones municipales de que trata este párrafo, respecto de su patrimonio, cualquiera sea su origen.".

Artículo 2º.- El reglamento a que se refieren los nuevos artículos 141 y 142, incorporados por el presente cuerpo legal a la ley Nº 18.695, Orgánica Constitucional de Municipalidades, deberá ser dictado en el plazo de 120 días, contado desde la fecha de publicación de esta ley en el Diario Oficial.

Artículo transitorio.- Las asociaciones municipales actualmente constituidas en conformidad a la ley Nº 18.695, Orgánica Constitucional de Municipalidades, podrán gozar de personalidad jurídica por el simple depósito de sus estatutos en la Subsecretaría de Desarrollo Regional y Administrativo, los que previamente deberán ajustarse a lo dispuesto en los artículos 141 y 143 de este cuerpo legal.

Tanto la decisión de obtener personalidad jurídica, como la adecuación de sus estatutos, deberán contar con el acuerdo de la mayoría de las municipalidades asociadas.

Habiéndose cumplido con lo establecido en el Nº 1º del Artículo 93 de la Constitución Política de la República y por cuanto el Congreso Nacional ha aprobado las observaciones formuladas por el Ejecutivo; por tanto promúlguese y llévese a efecto como Ley de la República.

Santiago, 12 de agosto de 2011.- SEBASTIÁN PIÑERA ECHENIQUE, Presidente de la República.- Rodrigo Hinzpeter Kirberg, Ministro del Interior y Seguridad Pública.

Lo que transcribo a Ud. para su conocimiento.- Saluda atte. a Ud., Miguel Luis Flores Vargas, Subsecretario de Desarrollo Regional y Administrativo.

Tribunal Constitucional

Proyecto de ley que modifica la ley Nº 18.695, Orgánica Constitucional de Municipalidades, y regula las Asociaciones Municipales (Boletín Nº 6792-06)

La Secretaria del Tribunal Constitucional, quien suscribe, certifica que la Honorable Cámara de Diputados envió el proyecto de ley enunciado en el rubro, aprobado por el Congreso Nacional, a fin de que este Tribunal ejerciera el control preventivo de constitucionalidad respecto del artículo 1º transitorio del proyecto y por sentencia de 26 de julio de 2011 en los autos Rol Nº 2027-11-CPR.

Se declara:

1º. Que este Tribunal Constitucional no emitirá pronunciamiento, en examen preventivo de constitucionalidad, respecto de los incisos segundo a sexto, y octavo a décimo del artículo 141; del artículo 142; de los incisos primero y segundo del artículo 143; de los incisos primero a tercero del artículo 144; de los incisos primero y segundo del artículo 145, y de los artículos 146, 147, 148 y 149, todos los cuales se contienen en el número 5) del artículo 1º del proyecto de ley remitido, en razón de que dichas disposiciones no regulan materias que la Carta Fundamental califica como propias de ley orgánica constitucional.

2º. Que las disposiciones contenidas en los números 1), 2), 3) y 4) del artículo 1º; en los incisos primero y séptimo del artículo 141; en el inciso tercero del artículo 143, y en el inciso tercero del artículo 145, agregadas por el número 5) del mismo artículo 1º; y en el artículo transitorio del proyecto de ley remitido, son constitucionales.

3º. Que el artículo 150, contenido en el número 5) del artículo 1º del proyecto remitido, es constitucional en el entendido que las facultades que dicho precepto confiere a la Contraloría General de la República, lo son sin perjuicio de las demás atribuciones que la propia Carta Fundamental y la ley orgánica constitucional respectiva confieren a la misma Contraloría, las cuales no se pueden entender como restringidas por el referido artículo 150.

4º. Que el inciso cuarto del artículo 144, agregado por el número 5) del artículo 1º del proyecto de ley remitido, es inconstitucional, por lo que debe eliminarse de su texto.

Santiago, 26 de julio de 2011.- Marta de la Fuente Olguín, Secretaria.

DECRETO 1161 | REGLAMENTO PARA LA APLICACIÓN DE LAS NORMAS DE LA LEY Nº 18.695, ORGÁNICA CONSTITUCIONAL DE MUNICIPALIDADES, REFERIDAS A LAS ASOCIACIONES MUNICIPALES CON PERSONALIDAD JURÍDICA

MINISTERIO DEL INTERIOR Y SEGURIDAD PÚBLICA; SUBSECRETARÍA DE DESARROLLO REGIONAL Y ADMINISTRATIVO

Santiago, 28 de octubre de 2011.- Hoy se decretó lo que sigue:

Núm. 1.161.- Vistos: Lo establecido en los artículos 32 Nº 6 y 118 de la Constitución Política de la República; lo dispuesto en la ley Nº 20.527, que modifica la Ley Nº 18.695, Orgánica Constitucional de Municipalidades y regula las Asociaciones Municipales; y en la resolución Nº 1.600, de 2008, de la Contraloría General de la República.

Considerando:

La necesidad de establecer las normas sobre asambleas, elección de directorio y demás órganos de las asociaciones municipales; reforma de sus estatutos; derechos y obligaciones de miembros; registro de afiliados; aprobación del presupuesto y del plan de trabajo anual; disolución y disposiciones relativas a la que se constituyan en conformidad a las normas del Párrafo 3º del Título VI de la ley Nº 18.695.

Que deben precisarse las disposiciones relativas a la forma, contenidos y modalidades de la información del Registro Único de Asociaciones Municipales con personalidad jurídica de derecho privado, indispensables para que éste tenga un buen funcionamiento.

Que es necesario establecer un procedimiento de liquidación de bienes para ser restituidos a las municipalidades socias en caso de disolución de la asociación respectiva sin que existan obligaciones pendientes.

Decreto:

Apruébase el siguiente Reglamento para la aplicación del párrafo 3º del Título VI de la Ley Nº 18.695, Orgánica Constitucional de Municipalidades:

TÍTULO I
DE LAS ASOCIACIONES MUNICIPALES

Artículo 1º.- Dos o más municipalidades, pertenezcan o no a una misma provincia o región, podrán constituir asociaciones municipales, en adelante "asociaciones" o "asociación", según corresponda; para los efectos de facilitar la solución de problemas que les sean comunes, o lograr el mejor aprovechamiento de los recursos disponibles, pudiendo dichas asociaciones gozar de personalidad jurídica de derecho privado, de acuerdo con las reglas establecidas en el Párrafo 3º del Título VI de la ley Nº 18.695, Orgánica Constitucional de Municipalidades, en adelante también "la Ley".

A estas asociaciones también les será aplicable, en forma supletoria, lo dispuesto en los artículos 549 a 558 del Código Civil.

Artículo 2º.- Las asociaciones podrán tener por objeto:

a) La atención de servicios comunes;

b) La ejecución de obras de desarrollo local;

c) El fortalecimiento de los instrumentos de gestión;

d) La realización de programas vinculados a la protección del medio ambiente, al turismo, a la salud o a otros fines que les sean propios;

e) La capacitación y el perfeccionamiento del personal municipal, como también de alcaldes y concejales, y

f) La coordinación con instituciones nacionales e internacionales, a fin de perfeccionar el régimen municipal.

Artículo 3º.- Del mismo modo, las municipalidades podrán celebrar convenios para asociarse entre ellas sin requerir personalidad jurídica. Tales convenios deberán contemplar, entre otros aspectos, los siguientes:

a) La especificación de las obligaciones que asuman los respectivos asociados;

b) Los aportes financieros y demás recursos materiales que cada municipalidad proporcionará para dar cumplimiento a las tareas concertadas;

c) El personal que se dispondrá al efecto, y

d) La municipalidad que tendrá a su cargo la administración y dirección de los servicios que se presten u obras que se ejecuten.

Estos convenios deberán contar con el acuerdo de los respectivos concejos.

TÍTULO II
DE LAS ASOCIACIONES MUNICIPALES CON PERSONALIDAD JURÍDICA DE DERECHO PRIVADO

Párrafo 1º De la Obtención de Personalidad Jurídica

Artículo 4º.- La constitución de una asociación será acordada por los alcaldes de las municipalidades interesadas, previo acuerdo de sus respectivos concejos, en asamblea que se celebrará ante un ministro de fe, debiendo actuar como tal el secretario municipal de alguna de dichas municipalidades, o un notario público con sede en alguna de las comunas de las mismas.

Las asociaciones municipales constituidas en conformidad a las normas de este párrafo deberán efectuar una solicitud de inscripción en el Registro Único de Asociaciones Municipales con personalidad jurídica de derecho privado, en adelante también "el Registro", a que se refiere el Título III del presente Reglamento.

Asimismo, deberán depositar una copia autorizada reducida a escritura pública del acta de su asamblea constitutiva, de su directorio provisional y de sus estatutos, ante la Subsecretaría de Desarrollo Regional y Administrativo del Ministerio del Interior y Seguridad Pública, en adelante también "la Subsecretaría"; dentro del plazo de treinta días, contado desde la fecha de dicha asamblea.

Artículo 5º.- Dentro del plazo de sesenta días, contado desde la fecha de la recepción de los documentos antes señalados, la Subsecretaría podrá objetar la constitución de la asociación, si no se hubiere dado cumplimiento a los requisitos que la ley establece para su formación y para la aprobación de sus estatutos, todo lo cual será notificado por carta certificada al presidente del órgano directivo provisional de aquélla. Para estos efectos la solicitud de inscripción a que se refiere el artículo precedente deberá establecer un domicilio, el cual podrá ser diferente al de la asociación.

La Subsecretaría deberá objetar la constitución de las asociaciones municipales cuyo nombre coincida o tenga similitud susceptible de provocar confusión con otra persona jurídica u organización vigente, sea pública o privada, o con personas naturales, salvo que se cuente con el consentimiento expreso del interesado o sus sucesores, o hubieren transcurrido más de veinte años desde su muerte.

La asociación deberá subsanar las observaciones efectuadas dentro del plazo de treinta días, contado desde su notificación. Si así no lo hiciere, se tendrá por no presentada su solicitud de inscripción en el Registro, y los miembros de la directiva provisional responderán solidariamente por las obligaciones que la organización hubiese contraído en ese lapso.

Cumplido el procedimiento anterior, la Subsecretaría procederá a inscribir la organización en el Registro. Transcurrido el plazo establecido en el inciso primero, sin que la Subsecretaría hubiere objetado la constitución, la solicitud de inscripción se entenderá aprobada.

Artículo 6º.- Las asociaciones municipales gozarán de personalidad jurídica por el solo hecho de haber efectuado el depósito y registro que se establecen en el presente Reglamento.

Párrafo 2º De la Asamblea

Artículo 7º.- La asamblea es la reunión pública en la que pueden participar todas las municipalidades que integran una asociación, en adelante también "los socios". Éstos serán representados por sus respectivos alcaldes; sin perjuicio que, en ausencia de éste, dispongan, por acuerdo de concejo y previa propuesta del alcalde, que serán representados por uno de sus concejales. Con todo, los concejales de las municipalidades socias podrán siempre asistir a las asambleas con derecho a voz.

Las asambleas podrán ser ordinarias o extraordinarias y serán convocadas según lo dispongan los respectivos estatutos.

Artículo 8º.- El quórum para sesionar será la mayoría absoluta de los socios.

Los acuerdos serán adoptados por mayoría simple de los asistentes a la sesión respectiva, salvo que los estatutos respectivos dispongan algo diferente.

En las asambleas cada municipalidad que forme parte de la asociación respectiva dispondrá de un voto.

Artículo 9º.- La citación a asambleas de socios se efectuará mediante carta certificada enviada por el secretario del directorio mediante correo postal, o a través de correo electrónico dirigido a la dirección que la municipalidad respectiva haya indicado al momento de constituirse la asociación o al integrarse a ésta, según corresponda. Además, deberá comunicarse mediante dos avisos publicados en el sitio electrónico institucional de la asociación, o en el de la municipalidad a la cual pertenezca el alcalde presidente de la asociación, en caso que ésta no dispusiese de aquél.

La convocatoria deberá efectuarse con una anticipación no inferior a cinco días antes de su realización. No obstante, los socios podrán auto convocarse a una asamblea y, se entenderán válidamente celebradas, aquellas a las que concurran la totalidad de las municipalidades socias, aun cuando no se hubiere cumplido con las formalidades requeridas para su citación.

Artículo 10.- Las asambleas serán presididas por el presidente del directorio de la asociación y, en caso de inasistencia de éste, por el vicepresidente de aquél.

De lo tratado en ellas se dejará constancia en un libro especial de actas que será llevado por el secretario del directorio. En dichas actas podrán las socias asistentes a la asamblea estampar las reclamaciones convenientes a sus derechos por vicios de procedimiento relativos a la citación, constitución y funcionamiento de la misma.

Párrafo 3º Del Directorio

Artículo 11.- En cada asociación existirá un órgano colegiado encargado de ejercer su administración. Se denominará "directorio" y podrá ser integrado por alcaldes y concejales.

Dentro del plazo máximo de noventa días siguientes a la obtención de la personalidad jurídica, la asociación deberá convocar a una asamblea extraordinaria, en la que se regirá al directorio definitivo que sucederá al provisional elegido en la asamblea constitutiva de la asociación.

Artículo 12.- El directorio estará constituido por un mínimo de cinco miembros y deberá contemplar, a lo menos, los cargos de presidente, vicepresidente, secretario y tesorero.

La presidencia corresponderá a uno de los alcaldes de las municipalidades que componen la respectiva asociación. El presidente del directorio lo será también de la asociación y tendrá su representación judicial y extrajudicial.

Artículo 13.- Las elecciones de directorio se realizarán dentro de una asamblea. Sólo podrán ejercer su derecho a voto los socios que se encuentren al día en el pago de las cuotas ordinarias y extraordinarias.

Párrafo 4º Del Secretario Ejecutivo y del Personal de la Asociación

Artículo 14.- En cada asociación de municipalidades con personalidad jurídica existirá un secretario ejecutivo.

Los estatutos dispondrán su forma de designación y remoción.

Artículo 15.- El secretario ejecutivo no formará parte del directorio y su cargo podrá se remunerado.

Entre otras atribuciones le corresponderá:

a) Concurrir a las sesiones del directorio y a las asambleas sólo con derecho a voz, debiendo tomar acta de aquellas y mantener su archivo;

b) Ejecutar y hacer cumplir los acuerdos del directorio y la asamblea de socias;

c) Actuar por mandato del presidente ante los órganos e instituciones con los cuales se relacione la asociación;

d) Ejercer en nombre del presidente la representación judicial y extrajudicial en casos determinados, previo otorgamiento de poderes especiales;

e) Llevar un registro de las municipalidades socias, el cual será público y deberá consignar, a lo menos, la siguiente información:

I. Fecha de incorporación de las municipalidades a la asociación;

II. Copia del acta de la respectiva sesión de concejo en que la municipalidad acordó crear o incorporarse a la asociación, y

III. Cuotas pagadas por cada socio;

f) Elaborar y proponer al directorio, cada año y para aprobación de éste, el proyecto de presupuesto y plan de trabajo anual de la asociación;

g) Preparar la memoria anual y el balance general de la asociación, y

h) Todo otro asunto que se le comisione.

Artículo 16.- El personal que labore en las asociaciones municipales se regirá por las normas laborales y previsionales del sector privado.

Párrafo 5º De los Estatutos

Artículo 17.- Los estatutos son las normas escritas que rigen el funcionamiento de las asociaciones de municipalidades, las que deberán dar cumplimiento a aquellos.

Deberán contener, a lo menos, las siguientes estipulaciones:

a) Nombre de la asociación;

b) Indicación de la comuna en que tendrá domicilio la asociación, el que podrá ser modificado dando cumplimiento a lo establecido en el artículo 20 de este Reglamento;

c) Finalidades y objetivos;

d) Derechos y obligaciones de sus miembros;

e) Órganos de dirección y de representación y sus respectivas atribuciones;

f) Forma de designación y remoción del secretario ejecutivo de la asociación;

g) Tipo y número de asambleas que se realizarán durante el año, indicando las materias que en ellas podrán tratarse;

h) Procedimiento y quórum para reforma de estatutos y quórum para adoptar acuerdos;

i) Normas sobre administración patrimonial y forma de fijar cuotas ordinarias y extraordinarias;

j) Indicación de la Contraloría Regional ante la cual la asociación hará entrega de su contabilidad;

k) Normas y procedimientos que regulen la disciplina interna, resguardando el debido proceso;

l) Forma y procedimiento de incorporación y de desafiliación a la asociación, debiendo constar en ambos casos el respectivo acuerdo de concejo municipal correspondiente;

m) Periodicidad con la que deben elegirse sus dirigentes, la que no podrá exceder de cuatro años, y

n) Forma de liquidación.

Artículo 18.- Las asociaciones que se constituyan de conformidad al presente párrafo podrán acogerse a estatutos tipo que establecerá la Subsecretaría mediante resolución, dichos estatutos tipo deberán comprender uno para asociaciones de carácter nacional, otro para las de carácter territorial y uno para asociaciones funcionales o temáticas.

Artículo 19.- No podrá negarse el otorgamiento de la personalidad jurídica a las asociaciones municipales cuyos estatutos cumplan con los requisitos que la ley establece al efecto.

Artículo 20.- El representante de la respectiva asociación deberá comunicar a la Subsecretaría, dentro del plazo de treinta días, toda modificación que se introduzca a sus estatutos, domicilio legal o composición de los órganos directivos.

Artículo 21.- La Subsecretaría estará facultada para fiscalizar el cumplimiento de lo dispuesto en el presente párrafo, para lo cual podrá solicitar, tanto a las asociaciones como a las municipalidades que las conformen, toda la información necesaria para verificar el cumplimiento de sus estatutos.

Artículo 22.- La reforma de los estatutos deberá acordarse en asamblea extraordinaria citada especialmente para tal efecto, y deberá ser aprobada por el quórum que dispongan los estatutos respectivos.

Párrafo 6º De los Derechos y Obligaciones de las Municipalidades Asociadas

Artículo 23.- Los socios tendrán los siguientes derechos:

a) Participar en las asambleas, pudiendo ejercer su derecho a voto sólo aquellas municipalidades que se encuentren al día en el pago de las cuotas ordinarias y extraordinarias. Sin perjuicio de ello, las municipalidades restantes podrán asistir a la asamblea sólo con derecho a voz;

b) Que sus representantes puedan elegir y ser elegidas como miembros del directorio, pudiendo recaer este nombramiento tanto en alcaldes como en concejales, y

c) Ser informadas sobre el funcionamiento y marcha de la asociación.

Artículo 24.- Serán obligaciones de los socios, entre otras:

a) Participar en las asambleas;

b) Pagar periódica y oportunamente las cuotas de ingreso, ordinarias y extraordinarias, cuyos valores serán determinados por la asamblea;

c) Acatar los acuerdos válidamente adoptados por la asamblea y por el directorio, de conformidad con los respectivos estatutos, y

d) Cumplir con las disposiciones contenidas en los estatutos.

Las obligaciones señaladas en el inciso precedente deben entenderse sin perjuicio de las que establezcan los estatutos respectivos.

Párrafo 7º Del Patrimonio

Artículo 25.- Las asociaciones municipales constituidas conforme a las disposiciones del presente Párrafo dispondrán de patrimonio propio.

Dicho patrimonio estará formado por las cuotas de incorporación, cuotas ordinarias y cuotas extraordinarias, determinadas con arreglo a los estatutos; por donaciones entre vivos y asignaciones por causa de muerte que se le hicieren; por el producto de bienes y servicios; por la venta de activos y por erogaciones, subvenciones y aportes provenientes de personas naturales o jurídicas, de las municipalidades, o entidades públicas, nacionales o internacionales, y demás bienes que adquieran a su nombre.

Con todo, sólo serán sujeto de subvenciones provenientes de entidades públicas nacionales, fondos concursables o todo otro aporte de recursos de esta naturaleza, aquellas asociaciones cuya inscripción se encuentre vigente en el Registro.

Artículo 26.- Las municipalidades socias no podrán otorgar garantías reales, ni cauciones de ninguna especie, respecto de las obligaciones que puedan contraer las asociaciones a las que pertenezcan.

Párrafo 8º De la Disolución de las Asociaciones

Artículo 27.- La disolución de una asociación de municipalidades podrá ser acordada por la mayoría absoluta de los socios en asamblea extraordinaria convocada al efecto, debiendo constar dicho acuerdo en un acta reducida a escritura pública, de la que deberá notificarse a la Subsecretaría en el plazo de treinta días desde su fecha de suscripción.

Sin perjuicio de lo señalado precedentemente, las asociaciones se disolverán también:

a) Por el vencimiento del plazo de su duración, si lo hubiere;

b) Por disponer de un número de integrantes inferior al mínimo determinado por sus estatutos, si correspondiere, y

c) Por sentencia judicial ejecutoriada en conformidad a la normativa vigente.

La notificación a que se refiere el inciso primero, así como la comunicación correspondiente de lo dispuesto en el literal b) precedente, serán realizadas por el secretario ejecutivo de la respectiva asociación dentro del plazo de diez días contados desde la fecha de realización de la asamblea extraordinaria o de verificada la disminución de socios, según corresponda.

Disuelta una asociación, la Subsecretaría procederá a su eliminación del Registro.

Artículo 28.- Dispuesta o acordada la disolución de una asociación, los bienes que constituyan su patrimonio serán destinados al pago de la totalidad de las obligaciones pendientes, comprendiéndose en ellas los reajustes, intereses y costas, si correspondiere.

De existir un remanente, luego de servir tales obligaciones, éste deberá restituirse a las municipalidades socias en la proporción que determinen los estatutos.

Artículo 29.- Para efectos de proceder a la realización del activo y la liquidación del pasivo de la asociación en disolución, se seguirá el siguiente procedimiento, actuando el respectivo secretario ejecutivo, o quien designare el directorio, como realizador y liquidador:

a) El directorio, por la mayoría absoluta de sus miembros en ejercicio, aprobará la propuesta de realización y liquidación que efectúe el realizador y liquidador;

b) Con lo obtenido según las normas precedentes, se deberán pagar todas las obligaciones pendientes que tuviere la asociación, según lo dispuesto en el Título XLI del Libro IV del Código Civil, en lo que correspondiere;

c) De existir un remanente, luego de servir tales obligaciones éste deberá restituirse a las municipalidades socias en dinero y en proporción a los aportes que hayan efectuado a la asociación, y

d) Dicho remanente sólo podrá ser restituido a las municipalidades que, al momento de acordarse la disolución, se encontrasen al día en el pago de las cuotas a que se refiere el literal b) del artículo 24.

Artículo 30.- La asociación de municipalidades cuya disolución haya sido dispuesta o acordada en conformidad a lo señalado en el presente párrafo, subsistirá como persona jurídica para los efectos de su liquidación, quedando vigentes sus estatutos en lo que fuere pertinente. En este caso, deberá agregar a su nombre las palabras "en liquidación".

TÍTULO III
DEL REGISTRO ÚNICO DE ASOCIACIONES MUNICIPALES CON PERSONALIDAD JURÍDICA DE DERECHO PRIVADO

Artículo 31.- Establécese el Registro Único de Asociaciones Municipales con personalidad jurídica de derecho privado, el cual estará a cargo de la Subsecretaría de Desarrollo Regional y Administrativo del Ministerio del Interior y Seguridad Pública.

Artículo 32.- Deberán inscribirse en el Registro todas las asociaciones municipales que deseen obtener personalidad jurídica. La inscripción deberá contener, a lo menos, las siguientes menciones y antecedentes:

a) Nombre y domicilio de la asociación;

b) Objeto;

c) Municipalidades socias;

d) Copias autorizadas por los secretarios municipales respectivos de las actas de las sesiones en las que consten los acuerdos de los concejos para constituir la asociación;

e) Copia autorizada por el ministro de fe a que hace referencia el artículo 141 de la ley, reducida a escritura pública, del acta de la asamblea constitutiva; de la conformación de su directorio provisional y de sus estatutos;

f) Órganos de dirección y de representación e integración de sus titulares, y

g) Aportes financieros y demás recursos materiales que cada municipalidad proporcionará a la asociación para dar cumplimiento a las tareas acordadas.

Artículo 33.- Las asociaciones deberán mantener permanentemente actualizada la información exigida por el artículo anterior del presente Reglamento.

Artículo 34.- El Registro será llevado mediante medios digitales electrónicos, será público, gratuito y de libre acceso, debiendo estar a disposición de cualquier persona en un sitio electrónico institucional administrado por la Subsecretaría.

Artículo 35.- Cualquiera asociación municipal podrá solicitar a la Subsecretaría el otorgamiento de un certificado gratuito que dé cuenta de su inscripción en el Registro.

Dicho certificado podrá emitirse en formato papel o digital, sujetándose, en este último caso, a las normas de la Ley Nº 19.799, Sobre Documentos Electrónicos, Firma Electrónica y Servicios de Certificación de Dicha Firma.

TÍTULO IV
DE LA FISCALIZACIÓN Y TRANSPARENCIA

Artículo 36.- La Contraloría General de la República podrá ejercer sus facultades de fiscalización y control sobre las asociaciones municipales con personalidad jurídica, respecto de su patrimonio, cualquiera sea su origen.

Dichas asociaciones deberán remitir toda la información que la Contraloría General de la República les solicite conforme a sus atribuciones.

Artículo 37.- El concejo podrá solicitar informes a las asociaciones en que participe la respectiva municipalidad, los cuales deberán ser remitidos por escrito dentro del plazo de quince días.

Artículo 38.- La unidad de control municipal podrá fiscalizar a las asociaciones municipales, respecto del uso y destino de los recursos provenientes de aportes entregados por la municipalidad respectiva.

Artículo 39.- A las asociaciones municipales les serán aplicables tanto el principio de publicidad de la función pública consagrado en el inciso segundo del artículo 8º de la Constitución Política de la República, como las normas de la Ley de Transparencia y de Acceso a la Información de la Administración del Estado, contenida en el artículo primero de la ley Nº 20.285.

Anótese, tómese razón, comuníquese y publíquese.- RODRIGO HINZPETER KIRBERG, Vicepresidente de la República.- Miguel Flores Vargas, Ministro del Interior y Seguridad Pública (S).

Lo que transcribo a Ud. para su conocimiento.- Saluda atte. a Ud., Juan Cristóbal Leturia Infante, Subsecretario de Desarrollo Regional y Administrativo (S).

DICTAMEN Nº 60748/11, SOBRE FORMA DE PUBLICAR LOS REGLAMENTOS Y ORDENANZAS MUNICIPALES

Número Dictamen	060748N11	Fecha	26-09-2011
Nuevo	NO	Reactivado	SÍ
Alterado	NO	Carácter	NNN
Orígenes	MUN		

DESCRIPTORES

MUN, ordenanza municipal, reglamento, publicación, página web, Diario Oficial.

DICTAMENES RELACIONADOS

Aplica dictamen 26019/2010\nAplica dictamen 1078/2007\nAplica dictamen 42639/2007\nAplica dictamen 53303/2007\nAplica dictamen 32762/2009.

FUENTES LEGALES

Ley 18695 art/5 tran, Ley 2055 art/33 num/14, Ley 19880 art/48, Ley 18695 art/12, Ley 20285 art/4 num/1.

MATERIA

Sobre forma de publicar reglamentos y ordenanzas municipales, los que pueden ser difundidos válidamente en la página web de los municipios, salvo que la ley establezca procedimientos especiales.

DOCUMENTO COMPLETO N° 60.748 Fecha: 26-IX-2011

Se ha dirigido a esta Contraloría General don Raúl Torrealba del Pedregal, alcalde de la Municipalidad de Vitacura y a la vez presidente de la Asociación Chilena de Municipalidades, solicitando un pronunciamiento relativo a la forma de publicar los reglamentos y ordenanzas municipales.

Agrega que ello es de relevancia para los municipios del país, dada la obligatoriedad de dictar y, por ende, de publicar el reglamento del Consejo Comunal de Organizaciones de la Sociedad Civil, en conformidad con lo establecido en el artículo 5° transitorio de la ley N° 18.695, Orgánica Constitucional de Municipalidades —agregado por el artículo 33, N° 14, de la ley N° 20.500—, y atendido que de aplicarse al efecto la normativa contenida en la ley N° 19.880 —sobre Procedimientos Administrativos que rigen los actos de los Órganos de la Administración del Estado—, que, en su artículo 48, exige la publicación en el Diario Oficial de los actos administrativos a que alude, ello resultaría sumamente oneroso para las entidades edilicias.

Sobre el particular, cabe tener presente, que acorde con el artículo 12 de la citada ley N° 18.695, entre las resoluciones que adopten las municipalidades se encuentran las denominadas ordenanzas y reglamentos, siendo las primeras, normas generales y obligatorias aplicables a la comunidad, y los segundos, normas generales obligatorias y permanentes, relativas a materias de orden interno de la municipalidad.

Por su parte, el inciso final de ese artículo, agregado por el artículo cuarto N° 1 de la ley N° 20.285, sobre Acceso a la Información Pública —vigente a contar del 20 de abril de 2009—, dispone que todas las resoluciones a que se refiere dicho precepto estarán a disposición del público y deberán ser publicadas en los sistemas electrónicos o digitales de que disponga la municipalidad.

Al respecto la jurisprudencia administrativa de esta Entidad de Control, contenida en el dictamen N° 26.019, de 2010, ha precisado que el citado inciso final del referido artículo 12 contiene una regulación específica en relación con la publicación, en general, de las resoluciones municipales, de manera que a contar de su vigencia, no es necesario recurrir a las disposiciones que, con carácter supletorio, contempla la mencionada ley N° 19.880.

Agrega dicho pronunciamiento que lo expuesto, por lo demás, guarda plena armonía con la jurisprudencia de este Organismo de Control, emitida para situaciones análogas, manifestada, entre otros, en los dictámenes N°s. 1.078, 42.639 y 53.303, todos de 2007 y N° 32.762, de 2009, de conformidad con la cual, las disposiciones contenidas en la ley N° 19.880, son aplicables a todos los procedimientos administrativos que llevan a cabo los órganos de la Administración del Estado, salvo que la ley establezca procedimientos especiales, como ocurre en la especie, en cuyo evento ese cuerpo legal sólo rige con carácter supletorio a falta de alguna regulación específica en la correspondiente normativa.

En este contexto y de las normas citadas previamente, es posible inferir que a partir de la vigencia del actual inciso final del citado artículo 12, los reglamentos y ordenanzas municipales por los que se consulta pueden ser válidamente difundidos en la página web de los municipios, no siendo actualmente necesaria su publicación en el Diario Oficial.

Ramiro Mendoza Zúñiga
Contralor General de la República

LEY 20557 | CREA EL FONDO DE INCENTIVO AL MEJORAMIENTO DE LA GESTIÓN MUNICIPAL, PROGRAMA 3, SUBTÍTULO 33, ITEM 03, ASIGNACIÓN 110

MINISTERIO DEL INTERIOR Y SEGURIDAD PÚBLICA
SUBSECRETARIA DE DESARROLLO REGIONAL Y ADMINISTRATIVO
PROGRAMAS DE DESARROLLO LOCAL (01)

Sub Título	Ítem	Denominaciones	Glosa N°	Moneda Nacional Miles de $
		INGRESOS		**118.457.596**
09		APORTE FISCAL		118.455.596
	01	Libre		118.455.596
15		SALDO INICIAL DE CAJA		2.000
		GASTOS		**118.457.596**
24		TRANSFERENCIAS CORRIENTES		42.536.347
	03	A Otras Entidades Públicas		42.536.347
	401	Municipalidades (Compensación por Viviendas Sociales)	02	5.515.661
	402	Municipalidades (Compensación Gastos Censo)	03	1.040.686
	403	Municipalidades (Compensación por Predios Exentos)	04	35.980.000
32		PRÉSTAMOS	05	11.000.000
	04	De Fomento		11.000.000
	002	Municipalidades		11.000.000
33		TRANSFERENCIAS DE CAPITAL		64.919.249
	03	A Otras Entidades Públicas		64.919.249
	005	Municipalidades (Programa de Mejoramiento Urbano y Equipamiento Comunal)	06	11.697.240
	006	Municipalidades (Programa Mejoramiento de Barrios)	07	14.262.616
	100	Municipalidades (Fondo Recuperación de Ciudades)	08	18.399.393
	110	Municipalidades (Fondo de Incentivo al Mejoramiento de la Gestión Municipal)	09	20.560.000
35		SALDO FINAL DE CAJA		2.000

GLOSAS:

01. No regirá respecto de estos aportes lo dispuesto en el artículo 38 del Decreto Ley N° 3.063, de 1979.

02. Estos recursos serán transferidos a las municipalidades en el mes de marzo de 2012, correspondiéndole a cada una de ellas un monto equivalente a 2 Unidades de Fomento por

cada vivienda social recepcionada en sus respectivas comunas, entre el 01 de julio de 2010 y el 30 junio de 2011. Asimismo, se transferirá 2 Unidades de Fomento por cada vivienda social ya informada por las municipalidades durante el año 2011, respecto a aquellas efectivamente recepcionadas entre el 01 de julio de 2009 y el 30 de junio de 2010, incluyendo a aquellas municipalidades cuya solicitud fue recibida fuera de plazo para efectos de los recursos entregados durante el año 2010 y 2011. Para estos efectos en los meses de enero y febrero de 2012, las municipalidades interesadas solicitarán a la Subsecretaría de Desarrollo Regional y Administrativo, el pago de los aportes por las viviendas sociales efectivamente recepcionadas en su comuna, en el período indicado, acompañando al efecto un Certificado emitido por el Director de Obras de la respectiva municipalidad, o en su defecto, por el correspondiente Secretario Regional Ministerial de Vivienda del Ministerio de Vivienda y Urbanismo, que acredite el número de unidades habitacionales que tengan la calidad de viviendas sociales, en los términos regulados en el Art. 3° del Decreto Ley 2.552 y el Art. 40 de la Ley 19.537.

Mediante Resolución de esta Subsecretaría, se determinarán los montos correspondientes a cada municipalidad.

La Subsecretaría deberá informar trimestralmente a las comisiones de Hacienda del Senado y de la Cámara de Diputados la distribución de los recursos a nivel comunal, así como también la información proporcionada por parte de los municipios que dan origen a la distribución de estos recursos.

Antes del 30 de abril se deberá entregar a las Comisiones de Hacienda del Senado y de la Cámara de Diputados y a la Comisión Especial Mixta de Presupuestos, el desglose de los montos por municipio.

03. Estos recursos se distribuirán mediante Resolución de la Subsecretaría de Desarrollo Regional y Administrativo, a partir de la proposición que efectúe, a más tardar el 31 de diciembre de 2011, el Ministerio de Economía, Fomento y Turismo.

04. Estos recursos serán distribuidos entre las municipalidades del país mediante Resolución de la Subsecretaría de Desarrollo Regional y Administrativo, en proporción al número de predios exentos del pago del impuesto territorial existentes en cada comuna, en relación al número total de predios exentos de dicho impuesto del país.

En dicha Resolución, se determinará el monto correspondiente a cada municipio sobre la base de la información disponible al segundo semestre del año 2011, que al efecto el Servicio de Impuestos Internos remita a esta Subsecretaría dentro de los diez primeros días del mes de diciembre del año 2011.

Para los efectos de determinar el coeficiente de participación de las municipalidades en el Fondo Común Municipal del año 2012, los recursos que a cada municipalidad le correspondan este año por esta compensación, se sumarán a los ingresos propios permanentes que se utilicen para el cálculo de dicho coeficiente.

05. Durante el año 2012, el Ministerio de Hacienda conjuntamente con la Subsecretaría de Desarrollo Regional y Administrativo, podrá autorizar la contratación de aportes reembolsables, por parte de las Municipalidades que determinen, hasta por un total que no supere los $22.000.000 miles, destinados a iniciativas de inversión para el desarrollo de las ciudades. Con todo, los desembolsos máximos que se podrán comprometer con las autorizaciones otorgadas el año 2011 y las correspondientes a este año, no podrán exceder de $11.000.000 miles.

La aplicación de los recursos incluidos en esta glosa, se regirá por lo establecido en el Decreto Supremo N° 196, de 24 de marzo de 2011, del Ministerio del Interior y Seguridad Pública, y sus modificaciones, o en otros que se dicten durante el ejercicio.

06. Con estos recursos se financiarán proyectos y programas de inversión orientados a generar empleo y que permitan mejorar la calidad de vida de la población más pobre, los

que deberán cumplir con los criterios de selección definidos en el Decreto del Ministerio del Interior N° 946, de 1993, y sus modificaciones, el que mantendrá su vigencia durante el año 2012. Se podrá financiar además proyectos que se ejecuten en terrenos o inmuebles que constituyan bienes comunes de propiedad de comunidades agrícolas, o ubicados en condominios de viviendas sociales y aquellos conformados de acuerdo a las leyes N° 15.020 y N° 16.640 sobre Reforma Agraria, y N° 19.253, Ley Indígena, o de propiedad de clubes deportivos con personalidad jurídica y juntas de vecinos y demás organizaciones comunitarias acogidas a la Ley N° 19.418.

Exclúyase de la exigencia establecida en el artículo 50 de la ley N° 19.712, del Deporte, la inversión en infraestructura social o deportiva en los inmuebles que constituyan bienes comunes conformados de acuerdo a las leyes N° 15.020 y N° 16.640, sobre Reforma Agraria, y N° 19.253, Ley Indígena, y en bienes inmuebles nacionales, sean o no de uso público.

La certificación para postular proyectos de inversión en estos campos deportivos referida a la posesión y uso de los mismos, podrá extenderla la municipalidad respectiva.

Mediante Resolución de la Subsecretaría de Desarrollo Regional y Administrativo, visada por la Dirección de Presupuestos, se distribuirá entre las regiones del país un 40% de estos recursos en el mes de diciembre del 2011, y otro 35% antes del 31 de marzo del 2012, en proporción directa al número de desempleados y de comunas de cada una de ellas. Corresponderá a los Consejos Regionales resolver, sobre la base de la proposición del Intendente, la distribución de los recursos entre las comunas. La determinación de los proyectos y programas específicos que se financiarán corresponderá a los municipios.

El 25% restante podrá destinarse, a petición de los Intendentes, mediante Resolución de la Subsecretaría de Desarrollo Regional y Administrativo, a proyectos y programas que permitan enfrentar situaciones de emergencia. Los proyectos que se financien deberán ser informados a los Alcaldes y Concejos Municipales respectivos. Al menos un 30% de estos recursos se destinarán a iniciativas postuladas por municipalidades cuyos presupuestos se financien en más de un 70% con recursos del Fondo Común Municipal.

La Subsecretaría deberá informar mensualmente a las comisiones de Hacienda del Senado y de la Cámara de Diputados la distribución de los recursos a nivel regional y comunal, los criterios utilizados para tal distribución y la especificación de los proyectos a financiar con cargo a éstos. Esta información la proporcionará dentro de los treinta días siguientes a la fecha de término del mes respectivo. Asimismo, en igual plazo, dicha información debe ser publicada en formato electrónico en la página web de la Subsecretaría de Desarrollo Regional y Administrativo. Deberá, asimismo, remitir información sobre la ejecución presupuestaria a la Oficina de Presupuestos del Senado. Los precitados informes deberán incorporar respecto a los proyectos a financiar el monto por el cual fue aprobado y el porcentaje de recursos ejecutado a la fecha de remisión del informe. En cuanto a los proyectos de arrastre del año anterior se deberá informar el monto vigente del proyecto, la transferencia acumulada y la transferencia que se realizará durante el 2012.

Si los recursos del Programa de Mejoramiento Urbano y Equipamiento Comunal se destinan a generar empleos de emergencia, deberá semestralmente remitir el listado de los beneficiarios, por comuna, a la Oficina de Presupuestos del Senado.

07. Mediante Resolución de esta Subsecretaría se destinarán estos recursos a municipalidades y asociaciones municipales para el financiamiento de proyectos o acciones concurrentes tanto comprometidos o contratados en años anteriores, como nuevos. Su distribución entre municipios y asociaciones municipales la efectuará la Subsecretaría de Desarrollo Regional y Administrativo considerando los saldos de los contratos vigentes y los nuevos proyectos y acciones concurrentes que esta Subsecretaría autorice.

Con estos recursos se podrá financiar proyectos de saneamiento sanitario y servicios básicos, así como la adquisición y mejoramiento de terrenos para viviendas, soluciones sanitarias, centros de transferencias, rellenos y vertederos, centros de acopio y similares de residuos sólidos domiciliarios, disposición final de escombros y para fines deportivos y recreativos.

Las acciones concurrentes, podrán considerar el financiamiento de diseños de arquitectura y de ingeniería, estudios, asistencias e inspecciones técnicas, adquisiciones y mejoramientos de terrenos, obras, saneamiento de títulos, asistencias legales, catastros de patrimonio inmueble y elaboración de expedientes para el Consejo de Monumentos Nacionales.

Asimismo, se podrá destinar recursos de acciones concurrentes para asegurar la disponibilidad de carteras de proyectos de la tipología establecida en el Decreto Nº 829 de 1998, del Ministerio del Interior y sus modificaciones, de saneamiento sanitario, de plantas de tratamiento de aguas servidas, de minimización y mejoramiento integral del manejo de residuos sólidos domiciliarios, asimilables y escombros, de puesta en valor de inmuebles patrimoniales, de energización y otros proyectos de interés municipal.

Los proyectos y las acciones concurrentes que se financien podrán corresponder a obras que se ejecuten en terrenos o inmuebles que constituyan bienes comunes de propiedad de comunidades agrícolas, o ubicados en condominios de viviendas sociales y aquellos conformados de acuerdo a las leyes N° 15.020 y N° 16.640 sobre Reforma Agraria, y N° 19.253, Ley Indígena, o de propiedad de clubes deportivos con personalidad jurídica y juntas de vecinos y demás organizaciones comunitarias acogidas a la Ley N° 19.418.

Los diseños de arquitectura y/o de ingeniería, para los proyectos de saneamiento sanitario deberán ser ejecutados por profesionales inscritos en los registros de los Ministerios de Obras Públicas o de la Vivienda y Urbanismo. El financiamiento de proyectos o de diseños de proyectos cuyo costo total supere las 5.000 UTM deberá contar con recomendación favorable del Ministerio de Planificación.

Todos los proyectos de adquisición y mejoramiento de terrenos para viviendas deberán contar con la recomendación técnica del Ministerio de la Vivienda y Urbanismo.

La Subsecretaría deberá informar trimestralmente a las comisiones de Hacienda del Senado y de la Cámara de Diputados la distribución regional y comunal de los recursos ejecutados a través del Programa Mejoramiento de Barrios, así como los proyectos financiados con cargo a estos recursos. Asimismo, en igual plazo, dicha información debe ser publicada en formato electrónico en la página web de la Subsecretaría de Desarrollo Regional y Administrativo. Los precitados informes deberán contener la nómina de los profesionales pagados con acciones concurrentes identificando el monto pagado y la labor contratada.

08. Estos recursos se destinarán al financiamiento, total o parcial, de proyectos destinados a la recuperación de las ciudades afectadas por el terremoto y maremoto del mes de febrero de 2010. Los proyectos que postulen los municipios deberán contar con recomendación favorable por parte del Ministerio de Planificación. Hasta un total de $200.000 miles podrá destinarse a incrementar los presupuestos de otros programas, incluso en gastos de personal y de funcionamiento, de esta Subsecretaría, o de los Gobiernos Regionales, con el objeto de fortalecer la capacidad de generar planes y carteras de proyectos para estos fines.

La Subsecretaría de Desarrollo Regional y Administrativo, mediante resolución, dispondrá la transferencia de estos recursos a las Municipalidades, determinando, además, las condiciones de las respectivas transferencias. Su distribución entre los municipios será efectuada por la Subsecretaría considerando los saldos de los contratos vigentes y los nuevos proyectos que ésta autorice. Asimismo, se podrán disponer transferencias a municipalidades para el financiamiento de compras de terrenos y de contrataciones de asistencia e inspección técnica para la supervisión y seguimiento de proyectos financiados con este Fondo.

Trimestralmente deberá informarse a la Comisión Especial Mixta de Presupuestos respecto de los recursos asignados a proyectos, gastos de personal y de funcionamiento, detallando las municipalidades beneficiarias y/o los programas presupuestarios incrementados.

09. A través de un reglamento dictado por la Subsecretaría de Desarrollo Regional y Administrativo y visado por la Dirección de Presupuestos se establecerán los procedimientos de distribución de estos recursos, los que deberán considerar la evolución de los indicadores financieros y de gestión municipal y los parámetros estructurales de las municipalidades, entre otros.

Por resolución de la Subsecretaría de Desarrollo Regional y Administrativo, visada por la Dirección de Presupuestos, a más tardar en el mes de junio de 2012, éstos recursos serán distribuidos entre las municipalidades de conformidad al reglamento.

Los recursos que en virtud de lo anterior le corresponda a cada municipalidad se incorporarán en sus respectivos presupuestos y se destinarán a iniciativas de inversión y adquisición de activos no financieros.

RESOLUCIÓN 84 | MODIFICA RESOLUCIÓN Nº 178, DE 8 DE JUNIO DE 2015, QUE SUSTITUYE TEXTO DE LA RESOLUCIÓN Nº 115, DEL AÑO 2012, AMBAS DE ESTA SUBSECRETARÍA, QUE REGLAMENTA EL PROCEDIMIENTO DE DISTRIBUCIÓN DE LOS RECURSOS DEL FONDO DE INCENTIVO AL MEJORAMIENTO DE LA GESTIÓN MUNICIPAL, EN SENTIDO QUE INDICA

MINISTERIO DEL INTERIOR Y SEGURIDAD PÚBLICA; SUBSECRETARÍA DE DESARROLLO REGIONAL Y ADMINISTRATIVO

Promulgación: 14-JUN-2021

Publicación: 07-JUL-2021

Versión: Única - 07-JUL-2021

Materias: CORONAVIRUS COVID-19, CORONAVIRUS, COVID-19

MODIFICA RESOLUCIÓN Nº 178, DE 8 DE JUNIO DE 2015, QUE SUSTITUYE TEXTO DE LA RESOLUCIÓN Nº 115, DEL AÑO 2012, AMBAS DE ESTA SUBSECRETARÍA, QUE REGLAMENTA EL PROCEDIMIENTO DE DISTRIBUCIÓN DE LOS RECURSOS DEL FONDO DE INCENTIVO AL MEJORAMIENTO DE LA GESTIÓN MUNICIPAL, EN SENTIDO QUE INDICA

Núm. 84.- Santiago, 14 de junio de 2021.

Vistos:

Lo dispuesto en la Ley Nº 18.575, Orgánica Constitucional de Bases Generales de la Administración del Estado; en la Ley Nº 18.359, que crea el cargo de Subsecretario de Desarrollo Regional y Administrativo, en el entonces Ministerio del Interior; en el Decreto con Fuerza de Ley Nº 1-18.359, de 1985, del entonces Ministerio del Interior, que Traspasa y Asigna Funciones a la Subsecretaría de Desarrollo Regional y Administrativo; en la Ley Nº 21.289, sobre Presupuesto del Sector Público del año 2021; en la resolución Nº 178, de 8 de junio de 2015, que Sustituye el Texto de la resolución Nº 115, del año 2012, que Reglamenta el Procedimiento de Distribución de los Recursos del Fondo de Incentivo al Mejoramiento de la Gestión Municipal, ambas de esta Subsecretaría; en el decreto Nº 559, del 21 de noviembre de 2020, del Ministerio del Interior y Seguridad Pública, que nombra en el cargo de Subsecretario de Desarrollo Regional y Administrativo, y las resoluciones Nº 7, del año 2019 y Nº 16, del año 2020, ambas de la Contraloría General de la República.

Considerando:

1.- Que, el Programa 03, del Presupuesto de esta Subsecretaría, denominado, "Programas de Desarrollo Local", considera en el Subtítulo 33, Item 03, la Asignación 110, "Municipalidades (Fondo de Incentivo al Mejoramiento de la Gestión Municipal), regulada por la Glosa 05, que señala "La aplicación de estos recursos, se regirá por lo dispuesto en la resolución Nº 178 de 2015 de esta Subsecretaría que establece el procedimiento de distribución del Fondo de Incentivo al Mejoramiento de la Gestión Municipal y sus modificaciones". Agregando que

"Las modificaciones que se realicen a la resolución antes mencionada deberán contar con la visación de la Dirección de Presupuestos".

2.- Que, conforme dispone el artículo tercero de la resolución Nº 178, de 2015, de esta Subsecretaría, que establece el procedimiento de distribución del Fondo de Incentivo al Mejoramiento de la Gestión Municipal, dicha distribución se efectúa evaluando el comportamiento de ciertos indicadores de gestión en relación al año anterior a la anualidad en que se realiza el cálculo, siendo tales: deuda previsional; reportabilidad a la Contraloría General de la República; eficacia en el cobro de las patentes municipales; gestión de ingresos en relación a gastos de funcionamiento; y responsabilidad en la presupuestación de ingresos de gestión municipal. En relación al indicador transparencia municipal, se considera la evaluación de cumplimiento del año anterior al del cálculo, efectuada por el Consejo para la Transparencia y respecto al indicador de responsabilidad en la entrega de información solicitada por Subdere en el marco de la ley Nº 19.602, asimismo se atiende a la información del año anterior.

3.- Que, las medidas adoptadas a partir del año 2020, para enfrentar la situación de emergencia sanitaria que enfrenta el país, a causa del Covid-19, tales como, cuarentenas y la dictación de normas dirigidas a postergar el cumplimiento de obligaciones vinculadas a ingresos municipales, ha afectado en forma importante las finanzas municipales y asimismo, el normal desarrollo de sus funciones institucionales. A modo de ejemplo en materia legal, cabe señalar que mediante la ley Nº 21.207, se dispusieron diversas medidas tributarias y financieras destinadas a apoyar a las micro, pequeñas y medianas empresas, entre las cuales se facultó a los alcaldes a postergar las fechas de pago de las patentes municipales consagradas en el decreto Nº 2.385, de 1996, del entonces Ministerio del Interior; que por la ley Nº 21.222, se prorrogó por un año las licencias de conducir que expiraron durante el año 2020; que por otra parte, la ley Nº 21.223 prorrogó el plazo para la renovación de los permisos de circulación correspondientes al año 2020, y mediante el decreto Nº 301, de 2020, del Ministerio del Interior y Seguridad Pública, se autorizó a los alcaldes de las comunas afectadas por catástrofe para que, previo acuerdo del concejo municipal respectivo, pudieran por una sola vez, prorrogar el pago de las patentes otorgadas en conformidad a lo dispuesto en la ley Nº 19.925, cuyo valor para el segundo semestre no hubiera sido pagado al 31 de julio de 2020, en dos cuotas, iguales y reajustadas. La primera cuota a pagarse junto con el pago que corresponda al primer semestre de 2021 y, la segunda, junto al pago que corresponda al segundo semestre de 2021. Lo anterior.

4.- En consecuencia, la aplicación de los indicadores que establece el artículo tercero de la resolución Nº 178, del año 2015, para determinar el monto que les corresponderá a los respectivos municipios con cargo al Fondo de Incentivo al Mejoramiento de la Gestión Municipal del año 2021, en base a la información disponible para cada uno de ellos del año 2020, afectada por las razones expuestas precedentemente, impiden que se pueda evaluar adecuadamente a los municipios, especialmente en variables como eficacia en el cobro de patentes, oportunidad en el envío de información o en la relación de ingresos v/s gastos de funcionamiento, lo que hace necesario determinar un modo alternativo para distribuir los recursos Figem 2021, sin afectar negativamente a los municipios por externalidades no atribuibles a su desempeño.

5.- Por tanto, mediante el presente acto administrativo, se modifica para el año 2021, el año de la información relativa a los indicadores a que se refiere el artículo tercero, a considerar para efectos de aplicar las fórmulas de cálculo que determina el artículo 7º, de la resolución 178, de 2015, de esta Subsecretaría,

RESUELVO:

Artículo único.- Modifíquese la resolución Nº 178, de 2015, de esta Subsecretaría, que establece el procedimiento de distribución del Fondo de Incentivo al Mejoramiento de la Gestión Municipal en el sentido de incorporar la siguiente disposición transitoria:

"Artículo transitorio.- Para la distribución de los recursos del Fondo de Incentivo al Mejoramiento de la Gestión Municipal, considerado en el Presupuesto del año 2021, de esta Subsecretaría, la aplicación de los indicadores a que se refiere el artículo tercero de esta resolución, atenderá a la información disponible del año 2019.".

Anótese, tómese razón y publíquese.- María Paz Troncoso Pulgar, Subsecretaria de Desarrollo Regional y Administrativo.

Lo que transcribo a usted para su conocimiento.- Saluda atentamente, María Eugenia Martínez Bolzoni, Jefa de División Administración y Finanzas.

RESOLUCIÓN 115 | REGLAMENTO QUE ESTABLECE EL PROCEDIMIENTO DE DISTRIBUCIÓN DE LOS RECURSOS DEL FONDO DE INCENTIVO AL MEJORAMIENTO DE LA GESTIÓN MUNICIPAL

MINISTERIO DEL INTERIOR Y SEGURIDAD PÚBLICA; SUBSECRETARÍA DE DESARROLLO REGIONAL Y ADMINISTRATIVO

Núm. 115.- Santiago, 16 de mayo de 2012.- Vistos: Lo dispuesto en la Ley Nº 18.575, Orgánica Constitucional de Bases Generales de la Administración del Estado; en la Glosa 09 del Programa 03, correspondiente a la Subsecretaría de Desarrollo Regional y Administrativo de la Ley de Presupuestos del Sector Público de 2012, y en la resolución Nº 1.600, de 2008, de la Contraloría General de la República.

Considerando:

1.- Que, la Ley Nº 20.557, de Presupuestos del Sector Público año 2012, considera en el presupuesto de la Subsecretaría de Desarrollo Regional y Administrativo del Ministerio del Interior y Seguridad Pública, el Fondo de Incentivo al Mejoramiento de la Gestión Municipal.

2.- Que, conforme lo dispone la Ley de Presupuestos del Sector Público año 2012, en la Glosa 09 del Programa 03, correspondiente a la Subsecretaría de Desarrollo Regional y Administrativo, Programas de Desarrollo Local, es necesario dictar un reglamento que establezca los procedimientos de distribución de los citados recursos.

3.- Que para la determinación del procedimiento de distribución de los recursos, se deberán considerar, entre otros, la evolución de los indicadores financieros y de gestión municipal y los parámetros estructurales de las municipalidades.

4.- Que, los recursos que a cada municipalidad correspondan, se incorporarán en sus respectivos presupuestos y se destinarán a iniciativas de inversión y a la adquisición de activos no financieros.

5.- Que, de conformidad a lo dispuesto en el artículo 5º de la Ley Orgánica Constitucional de Bases Generales de la Administración del Estado, que dispone la necesaria coordinación entre los órganos del Estado, propendiendo a la unidad de acción, evitando la duplicidad o interferencia de funciones.

Resuelvo:

Apruébese el siguiente Reglamento que establece el procedimiento de distribución de los recursos del Fondo de Incentivo al Mejoramiento de la Gestión Municipal, en el cual se medirá la evolución de los indicadores financieros y de gestión municipal y los parámetros estructurales de las municipalidades, entre otros aspectos necesarios para su correcto funcionamiento:

TÍTULO I
Objeto y Definiciones

Artículo 1º.- Objeto

El Fondo de Incentivo al Mejoramiento de la Gestión Municipal, propende a estimular las mejoras en la administración municipal proporcionando recursos que, en forma autónoma los municipios destinarán a la inversión que el marco legal determine, considerando la diversidad, complejidad y parámetros estructurales de estos y de sus territorios comunales.

Resolución 178, INTERIOR
Art. ÚNICO
D.O. 03.07.2015

Artículo 2º.- Definiciones

Resolución 178, INTERIOR
Art. ÚNICO
D.O. 03.07.2015

Para efectos de lo dispuesto en este reglamento, se estará a la definición que a continuación se establece, para cada uno de los siguientes conceptos:

a) La Subsecretaría: Subsecretaría de Desarrollo Regional y Administrativo.

b) El Fondo: Fondo de Incentivo al Mejoramiento de la Gestión Municipal.

c) Tipología Comunal: Mecanismo que, considerando los parámetros estructurales de los territorios comunales, permite focalizar adecuadamente los recursos otorgados por el Fondo. Se entenderá por características o parámetros estructurales el conjunto de variables comunales, tanto territoriales como socioeconómicas y demográficas más significativas, que inciden y/o determinan en gran medida las condiciones bajo las cuales cada municipalidad debe realizar sus funciones.

d) Indicadores del Fondo de Incentivo al Mejoramiento de la Gestión Municipal: Conjunto de indicadores en el ámbito de la gestión municipal que, en función de la información disponible, tiene por objeto incentivar y distinguir la mejor gestión de las municipalidades, además de permitir evaluar y medir la labor de éstas, tanto en sus procesos como en sus resultados, en los ámbitos financiero-presupuestarios y de acceso ciudadano a la información administrativa, todo ello en conformidad a la ley.

e) SINIM: Corresponde al Sistema Nacional de Información Municipal, administrado por la Subsecretaría.

Resolución 178, INTERIOR
Art. ÚNICO
D.O. 03.07.2015

Artículo 3º.- Determinación de los Indicadores del Fondo:

Los indicadores que se utilizarán para la distribución del Fondo serán los siguientes:

a) Deuda Previsional: Indicador que identifica la existencia de deuda previsional, al 31 de diciembre del año anterior al año del cálculo, tanto de la municipalidad como de los servicios incorporados de salud y educación. La información, para este indicador emana del informe proporcionado por la Superintendencia de Pensiones.

b) Reportabilidad a la Contraloría General de la República: Indicador que mide el cumplimiento de la municipalidad, en el año inmediatamente anterior al año del cálculo, en relación a las obligaciones de entrega de información relativa a los Informes Presupuestarios y Contables de las municipalidades, disponible al mes de abril del año del cálculo.

c) Eficacia en el Cobro de las Patentes Municipales: Indicador que mide la gestión sobre el total de las patentes municipales. Corresponde al número de patentes pagadas en relación al número total de patentes, del año anterior al año del cálculo. La fuente de información, emana del SINIM, disponible al 15 de abril del año del cálculo.

d) Gestión de Ingresos en relación a Gastos de funcionamiento: Indicador que mide la relación entre aquellos ingresos cuya recaudación se debe a la gestión del municipio, en relación al gasto de funcionamiento de éste, del año anterior al cálculo. La fuente de información, emana del Balance de Ejecución Presupuestaria contenido en el SINIM, disponible al 15 de abril del año del cálculo.

e) Responsabilidad en la presupuestación de ingresos de gestión municipal: Indicador que mide la desviación de los ingresos percibidos por el municipio respecto de la presupuestación inicial en el año anterior al cálculo. La fuente de información, emana del Balance de Ejecución Presupuestaria contenido en el SINIM, disponible al 15 de abril del año del cálculo.

f) Transparencia Municipal: Indicador que mide el cumplimiento de las normas sobre transparencia establecidas por la ley N° 20.285, considerando el último informe disponible al mes de abril del año del cálculo.

g) Responsabilidad en la Entrega de Información: Indicador que mide el cumplimiento de la gestión del municipio en relación a la entrega de información solicitada por SUBDERE en el marco de la ley N° 19.602. Para este indicador se considerarán los antecedentes aportados por las Unidades o Departamentos administradores respectivos, a más tardar el 15 de abril del año del cálculo.

Artículo 4°.- De la Tipología para Efectos del Fondo.

Resolución 178, INTERIOR
Art. ÚNICO
D.O. 03.07.2015

Con el objeto de determinar las tipologías de comunas, se considerarán las siguientes variables:

a) VARIABLES POR DIMENSIÓN EJE DEMOGRÁFICO TERRITORIAL:

i. Tamaño: La determinación del tamaño se hace a partir del promedio simple de los valores de población (censo 2002 proyectado por el Instituto Nacional de Estadísticas al año 2008) y la cantidad de predios no agrícolas de la comuna, cada uno de los cuales fue transformado previamente a una escala común de valores, entre 0 y 1.

ii. Dispersión: Variable que se construye a partir del promedio simple de los valores de la densidad poblacional actualizada al año 2008, el nivel de ruralidad, establecido en el último censo y, finalmente, el valor de la entropía de núcleos poblados, valor obtenido de información del Instituto Nacional de Estadísticas, año 2005. Todos previamente escalados entre 0 y 1.

iii. Jerarquía Político Administrativa: Esta variable se construye asignando el valor 1 a las comunas que cumplen condición de ser capitales regionales. Luego, se multiplica por el porcentaje de la población de la región, en relación al total país. Del mismo modo, se les asigna un valor 0.5 a las que cumplen la condición de capital provincial, y este valor es multiplicado por el total de población de la Provincia, respecto al total país. Por último, se asigna un valor 0 a las demás comunas.

En el caso de que concurra más de una condición para una misma comuna, se sumarán los valores obtenidos para cada una.

iv. Tipo de Localidad: Puntaje asignado a cada comuna, de acuerdo a la condición de ciudad, según definición del Observatorio Urbano del Ministerio de Vivienda y Urbanismo.

Con todo, se promediará cada variable por dimensión y a su vez cada una de las dimensiones en un solo indicador o eje socio demográfico territorial.

b) VARIABLES POR DIMENSIÓN EJE SOCIOECONÓMICO:

i. Patrimonio Comunal: Promedio simple del valor obtenido para el avalúo total promedio de inmuebles de la comuna, el porcentaje de avalúo afecto en relación al avalúo total de la comuna y el per cápita de la recaudación de patentes municipales, todos escalados previamente con valores entre 0 y 1.

ii. Capital Humano: Esta variable se construye a partir del promedio simple del nivel de escolaridad promedio de la población comunal, el promedio ponderado de puntaje comunal en la Prueba de Selección Universitaria, y el porcentaje de analfabetismo comunal, todos escalados previamente a valores entre 0 y 1.

iii. Características socioeconómicas de la población: Esta variable considerará el porcentaje de pobreza informado por el Ministerio de Desarrollo Social, sobre la base de la encuesta de Caracterización Socioeconómica Nacional o el instrumento que la reemplace, y el promedio de ingreso monetario por hogar, todos escalados previamente a valores entre 0 y 1.

Con todo, se promediará cada variable por dimensión y a su vez cada una de las dimensiones en un solo indicador o eje socioeconómico.

Sin perjuicio de lo anterior y en mérito de la actualización de las variables anteriores, la Subsecretaría podrá modificar la tipología existente.

Artículo 5º.- De conformidad a las normas de la presente resolución, existirán los siguientes grupos de comunas:

Resolución 178, INTERIOR
Art. ÚNICO
D.O. 03.07.2015

a) Grupo 1: Grandes comunas metropolitanas con alto y/o medio desarrollo.

b) Grupo 2: Comunas mayores, con desarrollo medio.

c) Grupo 3: Comunas urbanas medianas, con desarrollo medio.

d) Grupo 4: Comunas semi urbanas y rurales con desarrollo medio.

e) Grupo 5: Comunas semi urbanas y rurales con bajo desarrollo.

Para efectos de maximizar la homogeneidad de las comunas de cada grupo y, a su vez, maximizar la heterogeneidad entre grupos, se aplicará el método estadístico de k-medias.

Para la determinación de las municipalidades que conforman cada uno de estos grupos, se considerarán los valores de los ejes demográficos territoriales y socioeconómicos, calculados en base a las variables del artículo anterior.

Artículo 6º.- La distribución de los recursos del Fondo, se concentrará en los grupos de menor desarrollo, según se detalla en el artículo 11 de este Reglamento.

Resolución 178, INTERIOR
Art. ÚNICO
D.O. 03.07.2015

Artículo 7º.- De las fórmulas de cálculo.

Resolución 178, INTERIOR
Art. ÚNICO
D.O. 03.07.2015

a) Indicador Deuda Previsional (IDPi). El indicador de deuda previsional, estará determinado por las siguientes condiciones:

La ponderación en el sistema de indicadores del Fondo, para el Indicador de Responsabilidad en la entrega de Información, será de un cinco por ciento para todos los grupos de municipalidades.

$$\mathbf{IDP_i}\begin{cases}\mathbf{0\ (cero),\ si\ DP_{t-1} > 0}\\ \mathbf{1\ (uno),\ si\ DP_{t-1} = 0}\end{cases}$$

Donde:

IDP_i = Indicador de Deuda Previsional
DP_{t-1} = Monto deuda previsional del municipio correspondiente al año anterior al año del cálculo, informado por la Superintendencia de Pensiones.

b) Indicador de Reportabilidad a la Contraloría General de la República ($ICgr_i$): Este indicador se calculará en base al estado de cumplimiento del envío de los informes presupuestarios y contables que las municipalidades deben reportar a la Contraloría General de la República, en el año anterior al del cálculo, siendo el valor más alto el asociado al total cumplimiento de los informes requeridos en cada mes, más los informes de apertura y cierre, equivalente a 1.400 puntos.

El puntaje para cada informe será aquel que fije la Contraloría General de la República, de acuerdo al cumplimiento.
El cálculo del indicador para cada municipalidad, corresponderá a la suma de los puntajes obtenidos en los informes de cada mes y los de apertura y cierre, dividido por 1.400. La ponderación en el sistema de indicadores del Fondo, será de un quince por ciento para todos los grupos de municipalidades.
Lo anterior expresado en la siguiente fórmula:

$$ICgr_i = \left(\frac{\sum_{i=1}^{14} ptje.mes_i + ptje.informe\ apertura_i + ptje.informe\ cierre_i}{1.400}\right)$$

c) Indicador de Eficacia en el Cobro de las Patentes Municipales (IP_i): Corresponde a la relación del número de patentes pagadas en relación al total de patentes municipales del año anterior al del cálculo, cuyo puntaje irá de cero a uno. La relación anterior será ponderada en el sistema de indicadores del Fondo en un treinta y cinco por ciento para todos los grupos de municipalidades, y se expresará en la siguiente fórmula:
El indicador de Eficacia en el cobro de Patentes Municipales, para cada municipio, estará determinado por la siguiente fórmula:

$$IP_i = \left[\frac{Total\ patentes\ pagadas}{Total\ de\ patentes}\right]$$

Donde:

IP_i = Indicador de Eficacia en el Cobro Patentes por Municipio. En el caso que cualesquiera de los componentes no sea informado por el municipio IP_i será cero (0).
Este indicador no se determinará para el caso de la comuna de Isla de Pascua.

d) Indicador de Gestión de Ingresos en relación a Gastos de Funcionamiento (IIG_i): Este indicador considerará los ingresos de gestión municipal, los gastos de funcionamiento interno informados por las municipalidades, en el Balance de Ejecución Presupuestaria al 31 de diciembre del año anterior al año del cálculo. Este indicador se expresará de cero a uno y la ponderación asignada para todos los grupos por concepto de este indicador, será de un veinticinco por ciento en el sistema de indicadores del Fondo.
El indicador de Gestión de Ingresos en relación a Gastos de Funcionamiento, para cada municipio, estará determinado por los siguientes componentes:

i. Relación de Ingresos y Gastos definidos para el cálculo del indicador (RIG_i)

$$RIG_i = \left[\left(\frac{IG_i}{GF_i}\right)\right]$$

Donde:

RIG_i = Corresponde a la relación de Gestión de Ingresos y Gastos de Funcionamiento definidos para el cálculo del indicador.
IG_i = Corresponde a los Ingresos definidos en la letra d) del artículo 15, del presente reglamento.
GF_i = Corresponde a los Gastos definidos en la letra d) del artículo 15, del presente reglamento.

ii. Determinación del Indicador de Gestión de Ingresos en relación a Gastos de Funcionamiento. (IIG_i)

$$IIG_i = \left[\left(\frac{RIG_i}{máx(RIG_i)}\right)\right]$$

Si alguno de los parámetros para determinar las relaciones anteriores no fueren informados a SINIM, RIGi será igual a cero (0).

e) Indicador de Responsabilidad en la Presupuestación de Ingresos de Gestión Municipal (IRP_i):
Este indicador se expresará de cero a uno y ponderará un cinco por ciento en el sistema de indicadores del Fondo, para todos los grupos.
El indicador de Responsabilidad en la Presupuestación de Ingresos de Gestión Municipal, estará determinado por las siguientes condiciones:

$$\mathbf{IRP_i}\begin{cases} \forall\,(\mathbf{IPn_i - IIn_i}) < 0 \Rightarrow \mathbf{IRP_i} = 1 - \left(\dfrac{(\mathbf{IPn_i - IIn_i})}{\sum_{i=1}^{n}(\mathbf{IPn_i - IIn_i}), \forall\ \Delta < 0}\right) \\ \forall\,(\mathbf{IPn_i - IIn_i}) > 0 \Rightarrow \mathbf{IRP_i} = 1 \\ \textbf{Municipios sin información o información parcial} \Rightarrow \mathbf{IRP_i} = 0 \end{cases}$$

Donde:

IRP_i = Indicador de Responsabilidad en la Presupuestación de Ingresos de Gestión Municipal del municipio i.
IPn_i = Monto de ingresos de gestión percibidos, netos de transferencias y saldo inicial de caja, si lo hubiere, del municipio i.
IIn_i = Monto de ingresos de gestión presupuestados inicialmente, netos de transferencias y saldo inicial de caja, si lo hubiere, del municipio i.

Si alguno de los parámetros para determinar lo anterior no fuere informado IRP_i, será igual a cero (0).

f) Indicador de Transparencia Municipal (ITm_i): El indicador de Transparencia Municipal, corresponde al puntaje entre cero y uno, resultante de la evaluación de cumplimiento realizada por el Consejo para la Transparencia, y ponderará un quince por ciento en el sistema de indicadores del Fondo, para todos los grupos de municipalidades.
El indicador de Transparencia Municipal estará determinado por la siguiente fórmula:

$$\mathbf{ITm_i} = \left(\frac{PTm_i}{100}\right)$$

Donde:

ITm_i = Indicador de Transparencia Municipal del municipio i.
PTm_i = Puntaje porcentual otorgado por el Consejo para la Transparencia para la municipalidad.

g) Indicador de Responsabilidad en la Entrega de Información ($IREI_i$): El indicador de Responsabilidad en la Entrega de Información, se expresará de cero a uno y estará determinado por la siguiente fórmula:

$$IREI_i = \sum_{Qv_i=1}^{Qv_i} \frac{\left(\frac{v_i}{100}\right)}{Qv_i}$$

Donde:

$IREI_i$ = Indicador de responsabilidad en la entrega de información, para el municipio i.
V_i = Porcentaje de cumplimiento de las variables proporcionadas por las Unidades o Departamentos de SUBDERE, en relación a la ley Nº 19.602, del año anterior al cálculo del Fondo.
QV_i = Es la cantidad de variables que participan en el cálculo del presente indicador.

La ponderación en el sistema de indicadores del Fondo, para el Indicador de Responsabilidad en la entrega de Información, será de un cinco por ciento para todos los grupos de municipalidades.

Artículo 8º.- El Indicador final del Fondo de Incentivo al Mejoramiento de la Gestión Municipal (IdFi), estará determinado por la suma de cada uno de los Indicadores ponderados, según la siguiente fórmula:

$$IdF_i = \{[IDP_i] * ([ICgr_i * \alpha] + [IP_i * \beta] + [IIG_i * \gamma] + [IRP_i * \delta] + [ITm_i * \varepsilon] + [IREI_i * \omega])\}$$

Donde:

α, β, γ, δ, ε, ω, corresponden a las ponderaciones establecidas para cada uno de los indicadores del Fondo.

IdF_i = Indicador Final de Gestión Municipal, determinado para cada municipalidad.

Resolución 178, INTERIOR
Art. ÚNICO
D.O. 03.07.2015

Artículo 9º.- Con todo, para el caso de aquellos indicadores cuya fuente de información emane del SINIM, en que no se cuente con la información por falta imputable a la municipalidad, se asignará el valor cero (0). Sin embargo, en el caso de los municipios que por fuerza mayor o situaciones de catástrofe fundada, no proporcionen la información para la determinación de los distintos indicadores del Fondo, se considerará la última información disponible.

Resolución 178, INTERIOR
Art. ÚNICO
D.O. 03.07.2015

En el caso de la Municipalidad de Isla de Pascua, y considerando lo dispuesto por el artículo 41 de la ley Nº 16.441, no serán considerados los indicadores de las letras c) y d) del artículo 7º, para lo cual el resto de los indicadores serán ponderados con un cuarenta por ciento el correspondiente a Reportabilidad a la Contraloría General de la República, un cuarenta por ciento para el indicador de Transparencia Municipal, un cinco por ciento el Indicador de Responsabilidad en la Presupuestación de Ingresos de Gestión Municipal y un quince por ciento el Indicador de Responsabilidad en la Entrega de Información.

Artículo 10º.- Del Procedimiento de Distribución de los Recursos del Fondo:

Resolución 178, INTERIOR
Art. ÚNICO
D.O. 03.07.2015

El Fondo distribuirá la totalidad de los recursos al cincuenta por ciento de las municipalidades que, una vez ponderada la información de acuerdo al sistema de indicadores de gestión del Fondo, se ubiquen en lo más alto de cada uno de los grupos establecidos por la tipología.

Artículo 11º.- El monto de participación de las agrupaciones en el Fondo (MFgi), se distribuirá en un diez por ciento para el Grupo 1, quince por ciento para el Grupo 2, veinte por ciento para el Grupo 3, veinticinco por ciento para el Grupo 4, y un treinta por ciento para el Grupo 5.

Resolución 178, INTERIOR
Art. ÚNICO
D.O. 03.07.2015

Artículo 12º.- Para efectos de su distribución, la Subsecretaría determinará mediante resolución en el mes de junio, los montos que a cada municipalidad le correspondan y el grupo en que cada una de ellas se ubique.

Resolución 178, INTERIOR
Art. ÚNICO
D.O. 03.07.2015

Artículo 13º.- El monto de participación de los municipios en cada uno de los grupos definidos en el artículo 5º de este reglamento, estará dado por el siguiente procedimiento:

Resolución 178, INTERIOR
Art. ÚNICO
D.O. 03.07.2015

a) El resultado del Indicador determinado para el Fondo por municipalidad (IdFi), será ordenado de mayor a menor en cada agrupación definida en este reglamento.

b) Para el cincuenta por ciento superior o igual, de los municipios de cada agrupación, se ponderará su factor a aplicar sobre el monto de participación de las agrupaciones en el Fondo (MFgi) a través de la siguiente fórmula:

$$fp_i = \left(\frac{IdF_i}{\sum_{i=1}^{nq} IdF_i}\right) * 100$$

Donde:

fp_i = Es el factor de participación de la comuna i sobre el monto MFgi. Este factor es calculado sólo para el 50% del número de comunas que conforman la agrupación correspondiente.

IdF_i = Corresponde al indicador determinado para cada municipalidad. Posteriormente este valor se ordenará de mayor a menor en cada grupo.

nq = Corresponde al conjunto de municipios del 50% de los mayores indicadores IdFi del grupo que se evalúa.

c) Finalmente, el producto entre el factor fp_i y el monto MFg_i, corresponderá al monto con el que los municipios serán beneficiados.

$$MRm_i = fp_i * MFg_i$$

Donde:

MRmi = Corresponde al monto a recibir por el municipio beneficiado por este Fondo.

fp_i = Es el factor de participación de la comuna i sobre el monto MFgi. Este factor es calculado sólo para el 50% del número de comunas que conforman la agrupación correspondiente.

MFg_i = Monto del Fondo de Incentivo al Mejoramiento de la Gestión, determinado para la agrupación i.

Artículo 14º.- Del Destino de los Recursos:

Resolución 178, INTERIOR
Art. ÚNICO
D.O. 03.07.2015

Los recursos que cada municipalidad perciba del Fondo se deberán incorporar en sus respectivos presupuestos y se destinarán a iniciativas de inversión, adquisición de activos no financieros y a transferencias de capital para el Programa de Pavimentos Participativos del Ministerio de Vivienda y Urbanismo.

Con todo, las municipalidades que perciban recursos provenientes del Fondo deberán dar estricto cumplimiento, en lo que sea pertinente, a la resolución Nº 30, de 2015, de la Contraloría General de la República, que Fija Normas de Procedimiento sobre Rendición de Cuentas, o la norma que la reemplace.

Artículo 15º.- Del Mecanismo de Información:

Resolución 178, INTERIOR
Art. ÚNICO
D.O. 03.07.2015

La información que la Subsecretaría requiera para la elaboración de la resolución indicada en el artículo 12 se obtendrá en el plazo, forma y condiciones que a continuación se indican:

a) Para efectos del indicador Deuda Previsional, la Subsecretaría solicitará en el formato que determine, a la Superintendencia de Pensiones, remitir a más tardar en el mes de abril del año del cálculo, un informe desagregado por municipalidad, que contenga además la información relativa a los sectores incorporados de salud y educación, sobre la deuda previsional al 31 de diciembre del año anterior al año del cálculo.

b) Para efectos del indicador Reportabilidad a la Contraloría General de la República, la Subsecretaría solicitará a dicho organismo que le remita a más tardar el 30 del mes de abril del año del cálculo, un reporte desagregado, del año anterior al del cálculo, por municipalidad, con la información relativa al cumplimiento mensual de éstas, del envío de informes presupuestarios y contables, sumados a los informes de apertura y cierre.

c) Para efectos del indicador Eficacia en el cobro de las Patentes Municipales, la Unidad de Información Municipal de la Subsecretaría deberá proporcionar a más tardar el 30 de abril del año del cálculo, a la Unidad de Análisis Financiero de la Subsecretaría, la información desagregada por municipalidad, correspondiente al número de patentes municipales, pagadas y no pagadas, del año anterior al cálculo, contenidas en el SINIM.

d) Para efectos del indicador Gestión de Ingresos en relación a Gastos de Funcionamiento, la Unidad de Información Municipal proporcionará a la Unidad de Análisis Financiero, ambas de la Subsecretaría, a más tardar el 30 de abril del año del cálculo, la información desagregada por municipalidad, correspondiente a ingresos y gastos del año anterior al cálculo, contenida en el Sistema Nacional de Información Municipal a cargo de la Subsecretaría, considerando las siguientes imputaciones presupuestarias.

Por Gestión de Ingresos se considerarán los siguientes Ingresos Municipales: i. Patentes municipales (115.03.01.001.000.000)

ii. Derechos de aseo en patentes municipales (115.03.01.002.002.000)

iii. Derechos de aseo de cobro directo (115.03.01.002.003.000)

iv. Otros derechos (115.03.01.003.000.000)

v. Derechos de explotación (115.03.01.004.000.000)

vi. Otras (115.03.01.999.000.000)

vii. Permisos y licencias (115.03.02.000.000.000)

viii. Arriendo de activos no financieros (115.06.01.000.000.000)

ix. Ingresos de operación (115.07.00.000.000.000)

x. Recuperaciones y reembolsos por licencias médicas (115.08.01.000.000.000)

xi. Multas y sanciones pecuniarias (115.08.02.000.000.000)

Por Gastos de Funcionamiento se considerarán los siguientes Gastos Municipales:

i. Bienes y servicios de consumo (215.22.00.000.000.000), en particular el área de gestión Interna, a saber:

a) 01 Alimentos y Bebidas

b) 02 Textiles, Vestuario y Calzado

c) 03 Combustibles y Lubricantes

d) 04 Materiales de Uso o Consumo

e) 05 Servicios Básicos

f) 06 Mantenimiento y Reparaciones

g) 07 Publicidad y Difusión

h) 08 Servicios Generales

i) 09 Arriendos

j) 10 Servicios Financieros y de Seguros

k) 11 Servicios Técnicos y Profesionales

l) 12 Otros Gastos en Bienes y Servicios de Consumo.

ii. Prestaciones de seguridad social (215.23.00.000.000.000), excluida la indemnización de cargo fiscal (215.23.03.001.000.000).

iii. Gastos en personal (215.21.00.000.000.000), excluidos los aguinaldos y bonos del personal de planta (215.21.01.005.000.000) y del personal a contrata (215.21.02.005.000.000)

e) Para efectos del Indicador de Responsabilidad en la Presupuestación de Ingresos de Gestión Municipal, la Unidad de Información Municipal proporcionará a la Unidad de Análisis Financiero, ambas de la Subsecretaría, a más tardar el 30 de abril del año del cálculo, la información desagregada por municipalidad correspondiente a ingresos iniciales presupuestados e ingresos percibidos del área de gestión municipal, del año anterior al cálculo contenida en el Sistema Nacional de Información Municipal a cargo de la Subsecretaría.

f) Para efectos del indicador de Transparencia Municipal, la Subsecretaría solicitará al Consejo para la Transparencia, la última información disponible al mes de abril del año del cálculo, respecto del indicador que mide el cumplimiento de la ley Nº 20.285.

g) Para efectos del Indicador de Responsabilidad en la Entrega de Información (IREIi) las variables de cumplimiento de la información en virtud de la ley Nº 19.602 considerará las encuestas y formularios del SINIM, el formulario de recaudación y pago del Fondo Común Municipal (FCM) y el cuestionario nacional de la calidad de la gestión municipal. Dicha información será dispuesta por la División de Municipalidades de SUBDERE, a más tardar el 31 de marzo.

Para el caso de la comuna de Isla de Pascua y considerando lo señalado en el artículo 41 de la ley Nº 16.441, la variable asociada para el formulario de recaudación y pagos del FCM, será considerada para todos los efectos como informada.

h) Con todo, si la información que la Subsecretaría debe requerir a los servicios públicos indicados en las letras precedentes, se encontrare disponible en sus respectivos sitios electrónicos, se estará a dicha información, sin ser necesaria su formal solicitud.

Artículo 16º.- Publicidad de la Información:

Resolución 178, INTERIOR
Art. ÚNICO
D.O. 03.07.2015

La Subsecretaría deberá publicar en su página web, mediante un sistema de libre acceso, la resolución que determina los municipios de cada grupo y los montos que a cada municipalidad le correspondan del Fondo.

Anótese, tómese razón y publíquese.- Miguel Flores Vargas, Subsecretario de Desarrollo Regional y Administrativo.- Visación Dirección de Presupuestos, Ministerio de Hacienda.

ÍNDICE DE VOCES

R

S

T

U

V